essentials

Essentials liefern aktuelles Wissen in konzentrierter Form. Die Essenz dessen, worauf es als „State-of-the-Art" in der gegenwärtigen Fachdiskussion oder in der Praxis ankommt. *Essentials* informieren schnell, unkompliziert und verständlich

- als Einführung in ein aktuelles Thema aus Ihrem Fachgebiet
- als Einstieg in ein für Sie noch unbekanntes Themenfeld
- als Einblick, um zum Thema mitreden zu können

Die Bücher in elektronischer und gedruckter Form bringen das Fachwissen von Springerautor*innen kompakt zur Darstellung. Sie sind besonders für die Nutzung als eBook auf Tablet-PCs, eBook-Readern und Smartphones geeignet. *Essentials* sind Wissensbausteine aus den Wirtschafts-, Sozial- und Geisteswissenschaften, aus Technik und Naturwissenschaften sowie aus Medizin, Psychologie und Gesundheitsberufen. Von renommierten Autor*innen aller Springer-Verlagsmarken.

Maria Dimartino

Die Betriebsvereinbarung
Der Schnelleinstieg für Praktiker

Maria Dimartino
Recht, Rechtsanwältin Dimartino
Mörlenbach, Deutschland

ISSN 2197-6708　　　　　　　ISSN 2197-6716　(electronic)
essentials
ISBN 978-3-658-49621-0　　　ISBN 978-3-658-49622-7　(eBook)
https://doi.org/10.1007/978-3-658-49622-7

Die Deutsche Nationalbibliothek verzeichnet diese Publikation in der Deutschen Nationalbibliografie; detaillierte bibliografische Daten sind im Internet über https://portal.dnb.de abrufbar.

© Der/die Herausgeber bzw. der/die Autor(en), exklusiv lizenziert an Springer Fachmedien Wiesbaden GmbH, ein Teil von Springer Nature 2025

Das Werk einschließlich aller seiner Teile ist urheberrechtlich geschützt. Jede Verwertung, die nicht ausdrücklich vom Urheberrechtsgesetz zugelassen ist, bedarf der vorherigen Zustimmung des Verlags. Das gilt insbesondere für Vervielfältigungen, Bearbeitungen, Übersetzungen, Mikroverfilmungen und die Einspeicherung und Verarbeitung in elektronischen Systemen.

Die Wiedergabe von allgemein beschreibenden Bezeichnungen, Marken, Unternehmensnamen etc. in diesem Werk bedeutet nicht, dass diese frei durch jede Person benutzt werden dürfen. Die Berechtigung zur Benutzung unterliegt, auch ohne gesonderten Hinweis hierzu, den Regeln des Markenrechts. Die Rechte des/der jeweiligen Zeicheninhaber*in sind zu beachten.

Der Verlag, die Autor*innen und die Herausgeber*innen gehen davon aus, dass die Angaben und Informationen in diesem Werk zum Zeitpunkt der Veröffentlichung vollständig und korrekt sind. Weder der Verlag noch die Autor*innen oder die Herausgeber*innen übernehmen, ausdrücklich oder implizit, Gewähr für den Inhalt des Werkes, etwaige Fehler oder Äußerungen. Der Verlag bleibt im Hinblick auf geografische Zuordnungen und Gebietsbezeichnungen in veröffentlichten Karten und Institutionsadressen neutral.

Planung/Lektorat: Irene Buttkus
Springer Gabler ist ein Imprint der eingetragenen Gesellschaft Springer Fachmedien Wiesbaden GmbH und ist ein Teil von Springer Nature.
Die Anschrift der Gesellschaft ist: Abraham-Lincoln-Str. 46, 65189 Wiesbaden, Germany

Wenn Sie dieses Produkt entsorgen, geben Sie das Papier bitte zum Recycling.

Was Sie in diesem *essential* finden können

- Einen praxisorientierten Einstieg in die Thematik der Betriebsverfassung
- Erklärungen von wichtigen Grundbegriffen und Sachverhalten
- Einen Überblick über Arten und Wirkung einer Betriebsvereinbarung

Vorwort

Dieses essential bietet Praktikern einen schnellen Einstieg in das Thema Betriebsvereinbarungen. Es behandelt grundlegende Aspekte und gibt einen Überblick über die Formalien. Zudem werden mögliche Regelungsinhalte aufgezeigt sowie zwischen erzwingbaren und freiwilligen Betriebsvereinbarungen unterschieden. Die Wirkungen einer Betriebsvereinbarung werden ebenso erläutert wie die Durchsetzungsmechanismen, darunter die Arbeitsgerichtsbarkeit und die Einigungsstelle. Abgerundet wird die praxisorientierte Darstellung durch hilfreiche Checklisten und Musterbetriebsvereinbarungen – sowie eine Kurzübersicht zur Verhandlungstaktik.

Mörlenbach Maria Dimartino
im Sommer 2025

Inhaltsverzeichnis

1	**Grundlagen Betriebsvereinbarung**	1
	1.1 Rechtsnatur	2
	1.2 Geltungsbereich	2
	1.3 Parteien	4
	1.4 Form	5
	1.5 Inhaltliche Auslegungsmethoden	7
2	**Arten von Betriebsvereinbarungen**	9
	2.1 Erzwingbare Betriebsvereinbarung	9
	2.2 Freiwillige Betriebsvereinbarung	10
3	**Grenzen von Betriebsvereinbarungen**	13
	3.1 Gesetz und Billigkeit	13
	3.2 Tarifvertrag	14
	3.3 Verhältnis zum Arbeitsvertrag	15
	3.4 Rechtsquellenklarheit	16
	3.5 Verzicht auf Rechte aus einer Betriebsvereinbarung	17
	3.6 Ausschluss- und Verjährungsfristen	17
	3.7 Unwirksamkeit einer Betriebsvereinbarung	18
	3.8 Günstigkeitsprinzip und Betriebsvereinbarung	19
4	**Wirkung einer Betriebsvereinbarung**	21
	4.1 Nachwirkung einer Betriebsvereinbarung	23
	4.2 Abgrenzung zur Regelungsabrede	25
	4.3 Abgrenzung zur Gesamtzusage	27
5	**Durchführung von Betriebsvereinbarungen**	31

6	**Beendigung einer Betriebsvereinbarung**	33
	6.1 Insolvenz	34
	6.2 Betriebsübergang	35
7	**Einigungsstelle**	39
8	**Aufbau einer Betriebsvereinbarung**	41
9	**Typische Betriebsvereinbarungen**	43
10	**Rahmen-Betriebsvereinbarung**	45
11	**Fazit**	47
12	**Checklisten und Muster**	49
	12.1 Checkliste Betriebsvereinbarung entwickeln	49
	12.2 Muster Betriebsvereinbarung über mobiles Arbeiten	51
	12.3 Muster BV: Betriebliches Eingliederungsmanagement	56
	12.4 Checkliste: Betriebsvereinbarung verhandeln	65

Was Sie aus diesem *essential* mitnehmen können 69

Abkürzungsverzeichnis

AGG	Allgemeines Gleichbehandlungsgesetz
a.F.	Alte Fassung
ArbGG	Arbeitsgerichtsgesetz
ArbSchG	Arbeitsschutzgesetz
ArbZG	Arbeitszeitgesetz
BAG	Bundesarbeitsgericht
BEEG	Bundeseltern- u. ErziehungszeitG
BetrVG	Betriebsverfassungsgesetz
BGB	Bürgerliches Gesetzbuch
BGM	Betriebliches Gesundheitsmanagement
BR	Betriebsrat
BRV	Betriebsratsvorsitzende/r
BUrlG	Bundesurlaubsgesetz
FPfZG	Familienpflegezeitgesetz
GBR	Gesamtbetriebsrat
GG	Grundgesetz
GdB	Grad der Behinderung
HGB	Handelsgesetzbuch
i.d.R.	in der Regel
InSO	Insolvenzverordnung
i.S.d.	im Sinne des
KBR	Konzernbetriebsrat
KSchG	Kündigungsschutzgesetz
MitbestG	Mitbestimmungsgesetz
n.F.	Neue Fassung
PflegeZG	Pflegezeitgesetz

RBV	Rahmenbetriebsvereinbarung
TV	Tarifvertrag
TvöD	Tarifvertrag für den öffentlichen Dienst
WODrittelbG	Wahlordnung zum Drittelbeteiligungsgesetz
WOMitbestG	Dritte Wahlordnung zum Mitbestimmungsgesetz
ZPO	Zivilprozessordnung

Grundlagen Betriebsvereinbarung 1

Ein wichtiges Regelungsinstrument im kollektiven Arbeitsrecht ist die Betriebsvereinbarung (BV). Kenntnisse der Regelungsmöglichkeiten und Grenzen von Betriebsvereinbarungen sind von grundlegender Bedeutung für alle Akteure im Arbeitsrecht. Dieses Wissen ermöglicht es, die rechtlichen Rahmenbedingungen zu verstehen, innerhalb derer Betriebsvereinbarungen geschlossen werden dürfen.

Es wird zwischen erzwingbaren und freiwilligen Betriebsvereinbarungen unterschieden. Je nachdem, ob eine erzwingbare oder eine freiwillige Betriebsvereinbarung abgeschlossen wurde, ergeben sich unterschiedliche Folgen. Diese zeigen sich insbesondere bei Uneinigkeiten oder bei der Kündigung einer Betriebsvereinbarung. Für Arbeitgeber[1] und Betriebsräte ist es essenziell, die rechtlichen Vorgaben und Spielräume von Betriebsvereinbarungen zu kennen, um diese wirksam und rechtssicher zu gestalten. Auch für Arbeitnehmer ist es vorteilhaft, über die Inhalte und Auswirkungen von Betriebsvereinbarungen informiert zu sein, da diese ihr Arbeitsverhältnis unmittelbar beeinflussen. Betriebsvereinbarungen können eine Vielzahl von Themen abdecken, z. B. Arbeitszeiten, Urlaubsregelungen, mobile Arbeit oder betriebliche Sozialleistungen etc.

---

[1] Aus Gründen der besseren Lesbarkeit wird auf die gleichzeitige Verwendung der Sprachformen männlich, weiblich und divers (w/m/d) etc. verzichtet. Sämtliche Personenbezeichnungen gelten gleichermaßen für alle Geschlechter.

1.1 Rechtsnatur

Im Betriebsverfassungsgesetz (BetrVG) selbst wird die Betriebsvereinbarung nicht näher definiert, das Betriebsverfassungsrecht spricht von einer „Vereinbarung zwischen Betriebsrat und Arbeitgeber" (§ 77 Abs. 1 BetrVG).

Die Betriebsvereinbarung ist das klassische Mittel, um den Betriebsrat – und somit die Belegschaft – an der Gestaltung der betrieblichen Ordnung gleichberechtigt zu beteiligen. Vor allem ist sie das Rechtsinstitut für die innerbetriebliche Rechtsetzung; sie ist das einzige Gestaltungsmittel, um für alle Betriebsangehörigen einheitliche Arbeitsbedingungen mit normativer Wirkung in deren Interesse und in der Regel zu deren Schutz zu schaffen.

Die Rechtsnatur der Betriebsvereinbarung ist umstritten. Sie wird jedoch überwiegend als privatrechtlicher Normenvertrag der Betriebsparteien angesehen[2], welcher zwischen Arbeitgeber und Betriebsrat abgeschlossen wird und unmittelbar und zwingend die betrieblichen Arbeitsverhältnisse normativ gestaltet. Eine Betriebsvereinbarung kommt durch rechtsgeschäftliche Einigung zwischen Arbeitgeber und Betriebsrat zustande (sog. Vertragstheorie). Entgegen dem Wortlaut des § 77 Abs. 2 S. 1 BetrVG kommt eine Betriebsvereinbarung nicht durch einen gemeinsamen Beschluss von Arbeitgeber und Betriebsrat zustande, sondern durch zwei übereinstimmende Willenserklärungen der Betriebspartner. Die Willenserklärung des Betriebsrates erfolgt durch Beschluss (§ 33 BetrVG). Dabei gelten für die Willenserklärung die Vorschriften des Bürgerlichen Gesetzbuches (BGB). Eine Betriebsvereinbarung kann auch auf dem Spruch einer Einigungsstelle (§ 76 BetrVG) beruhen.

1.2 Geltungsbereich

Betriebsvereinbarungen sind Vereinbarungen zwischen Arbeitgeber und Betriebsrat, die verbindliche Regelungen für alle Arbeitnehmer im Sinne von § 5 Abs. 1 Betriebsverfassungsgesetz (BetrVG) eines Betriebes entfalten. Nicht erfasst werden leitende Angestellte nach § 5 Abs. 3 und 4 BetrVG (persönlicher Geltungsbereich). Der räumliche Geltungsbereich einer Betriebsvereinbarung erstreckt sich auf den Betrieb, dessen Betriebsrat diese abgeschlossen hat. Soweit eine Gesamtbetriebs- oder Konzernbetriebsvereinbarung abgeschlossen wird, können

---

[2] BAG, v. 28.07.2020 – 1 ABR 4/19.

1.2 Geltungsbereich

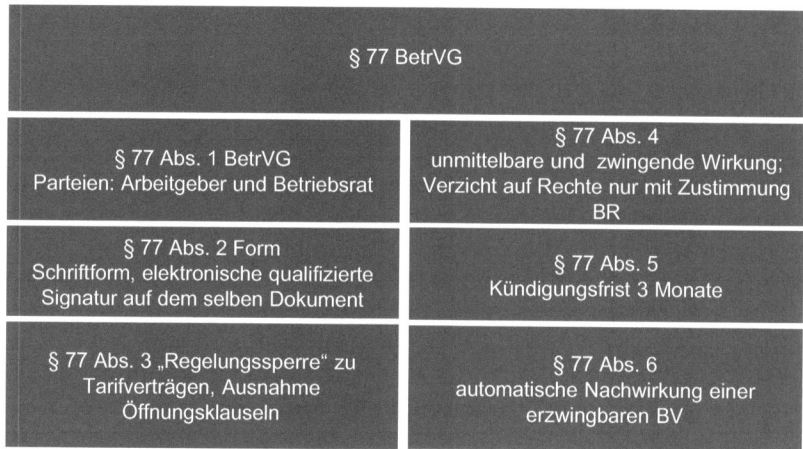

Abb. 1.1 Übersicht § 77 BetrVG

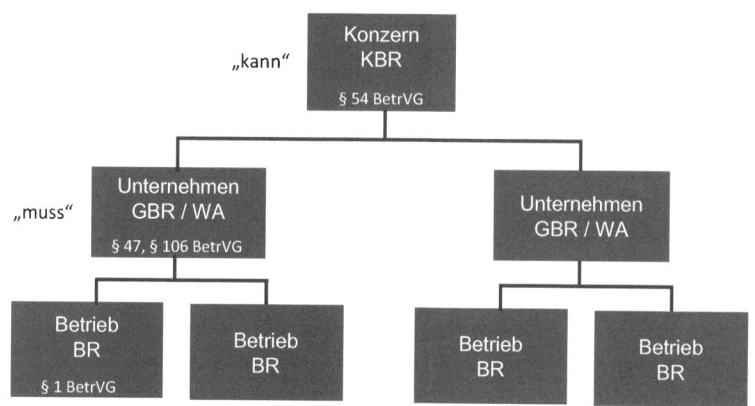

Abb. 1.2 Betrieb, Unternehmen, Konzern

weitere Betriebe bzw. Unternehmen erfasst werden. Es gilt das sog. Territorialprinzip – d. h., die Geltung bezieht sich auf Betriebe in Deutschland.

1.3 Parteien

Die Regelungen zur Betriebsvereinbarung finden sich in § 77 BetrVG (Vgl. Abb. 1.1). Parteien einer Betriebsvereinbarung sind der Arbeitgeber und der zuständige Betriebsrat (§ 77 Abs. 1 BetrVG). Da Betriebsvereinbarungen auch auf Ebene des Gesamt- oder Konzernbetriebsrats abgeschlossen werden können (vgl. Abb. 1.2), ist es wichtig, vor Beginn der Verhandlungen das zuständige Gremium zu ermitteln. Das Betriebsverfassungsgesetz (BetrVG) geht von einer **grundsätzlichen Primärzuständigkeit des örtlichen Betriebsrates** aus (vgl. § 50 Abs. 1 BetrVG).

Der Gesamt- oder Konzernbetriebsrat sind nur zuständig, wenn:

1. es sich um eine Mitbestimmungsangelegenheit handelt, die entweder das Gesamtunternehmen bzw. den Gesamtkonzern oder zumindest mehrere Betriebe bzw. Unternehmen betrifft, **und**
2. die Angelegenheit nicht durch die einzelnen Betriebsräte innerhalb ihrer Betriebe geregelt werden kann.

Hierzu ist eine **zwingende sachliche** oder **rechtliche Notwendigkeit** für eine betriebsübergreifende Regelung erforderlich. In der Praxis scheidet die Zuständigkeit des Gesamt- bzw. Konzernbetriebsrates häufig deshalb aus, weil diese zweite Voraussetzung nicht vorliegt. Der örtliche Betriebsrat kann jedoch **freiwillig sein Mandant** an den **Gesamtbetriebsrat** (GBR) abgeben, (§ 50 Abs. 2 BetrVG).

Ein zwingendes Erfordernis für eine betriebsübergreifende Regelung kann sich aus technischen oder rechtlichen Gründen ergeben. Maßgeblich sind die Umstände des Einzelfalles. Eine bloße Zweckmäßigkeit oder ein Kosteninteresse des Arbeitgebers begründen keine Zuständigkeit des GBR bei Angelegenheiten der erzwingbaren Mitbestimmung[3].

Die Zuständigkeit des **Konzernbetriebsrates** ist in § 58 BetrVG geregelt: Der Konzernbetriebsrat ist nach § 58 Abs. 1 BetrVG originär zuständig, wenn:

1. die Angelegenheit alle oder mehrere Konzernunternehmen betrifft **und**
2. die jeweiligen Gesamtbetriebsräte diese Angelegenheit nicht jeweils selbst regeln können.

---

[3] BAG, v. 23.03.2010 – 1 ABR 82/08.

Auch hier genügen reine Zweckmäßigkeitserwägungen nicht, um die Zuständigkeit des KBR zu begründen[4].

Beispiele für zulässige Regelungen durch den KBR
1. Konzerneinheitlicher Verhaltenskodex („Code of Conduct")
2. Regelungen freiwilliger Leistungen, die nur konzerneinheitlich oder unternehmensübergreifend gewährt werden sollen

Der Gesamtbetriebsrat kann mit der Mehrheit der Stimmen seiner Mitglieder (sog. qualifizierte Mehrheit) den Konzernbetriebsrat beauftragen, eine Angelegenheit für den GBR zu behandeln gem. § 58 Abs. 2 BetrVG. Diese Beauftragung kann auf die Verhandlungsbefugnis beschränkt und jederzeit widerrufen werden. Die Übertragung bedarf der Schriftform (§ 58 Abs. 2 S. 2 BetrVG i.V.m. § 27 Abs. 2 S. 3 BetrVG).

Zusätzliche Aufgaben des Konzernbetriebsrates sind:

- Bestellung des Hauptwahlvorstands zur Wahl der Aufsichtsratsmitglieder (§ 4 3. WOMitbestG)
- Anfechtung der Wahl von Arbeitnehmervertretern im Aufsichtsrat (§ 22 Abs. 2 Nr. 2 MitbestG)

1.4 Form

Betriebsvereinbarungen sind vom Arbeitgeber und Betriebsrat **schriftlich** niederzulegen, (§ 77 Abs. 2 S. 1 BetrVG). Mündliche Vereinbarungen sind unzulässig und daher formell unwirksam. Erforderlich sind die Unterschriften auf derselben Urkunde des Arbeitgebers (bzw. des bevollmächtigten Vertreters) und des Betriebsrates (bzw. des Betriebsratsvorsitzenden)[5]. Vor der Unterzeichnung durch den Betriebsratsvorsitzenden ist ein entsprechender **Beschluss** des Betriebsrats erforderlich, da der Vorsitzende den Betriebsrat nur im Rahmen der gefassten Beschlüsse vertritt (§ 26 Abs. 2 S. 1 BetrVG). Da der Betriebsratsvorsitzende nicht der „Chef" des Betriebsrates ist, führen Alleingänge zur Unwirksamkeit

---

[4] BAG, v. 26 .01.2016 – 1 ABR 68/13.
[5] BAG, v. 21.08.1990 – 3 AZR 422/89.

der Betriebsvereinbarung[6]. Des Weiteren ist wichtig, dass sich eine einheitliche Urkunde ergibt, bei mehreren Seiten beispielsweise durch Heftklammer, Seitennummerierung, nummerierte inhaltliche Gestaltung. Die Schriftlichkeit soll u. a. die Betriebsparteien dazu bringen, die getroffenen Vereinbarungen möglichst präzise niederzulegen.

▶ **Tipp** Soweit die BV schriftlich abgeschlossen wird, ist zudem zu empfehlen jede Seite zu paraphrasieren.

Seit dem Betriebsrätemodernisierungsgesetz ist es gemäß § 77 Abs. 2 S. 3 BetrVG auch möglich, eine Betriebsvereinbarung **elektronisch** abzuschließen. Werden Betriebsvereinbarungen in elektronischer Form geschlossen, haben Arbeitgeber und Betriebsrat abweichend von § 126a Abs. 2 BGB dasselbe Dokument elektronisch zu signieren, Vgl. § 77 Abs. 2 S. 3 BetrVG. Für den Betriebsrat übernimmt dies der Betriebsratsvorsitzende (vgl. § 26 Abs. 2 BetrVG), denn er ist laut Gesetz zur Abgabe von Willenserklärungen berechtigt (auf Basis eines vorherigen Beschlusses).

▶ **Wichtig** Achten Sie darauf, dass die Software dasselbe Dokument signiert.

Bei Zustandekommen der Vereinbarung durch einen **Spruch der Einigungsstelle** ist die Unterschrift des Vorsitzenden der Einigungsstelle ausreichend (§ 76 Abs. 3 S. 3, § 77 Abs. 2 S. 2 BetrVG) bzw. bei elektronischer Form die qualifizierte elektronische Signatur des Vorsitzenden (§ 76 Abs. 3 S. 4 BetrVG).

Formelle Voraussetzungen: Betriebsvereinbarung
- Übereinstimmende Willenserklärungen
- Ordnungsgemäßer Beschluss des Betriebsrats
- Einheitliche Urkunde
- Schriftform oder elektronische qualifizierte Signatur

---

[6] BAG, v. 08.02.2022 – 1 AZR 233/21.

▶ **Wichtig** Der AG hat die Betriebsvereinbarung an geeigneter Stelle im Betrieb zu veröffentlichen (§ 77 Abs. 2 S. 4 BetrVG), z. B. via Schwarzes Brett, Intranet.

1.5 Inhaltliche Auslegungsmethoden

Eine rechtliche Auslegung befasst sich mit der Frage nach dem Inhalt einer Vereinbarung, wenn die Parteien sich bezüglich der Textinterpretation uneinig sind. Da eine Betriebsvereinbarung (ähnlich wie beim Tarifvertrag) normativen Charakter hat (§ 77 Abs. 4 BetrVG), wird diese grds. ausgelegt wie ein Gesetz[7]. Die klassischen Auslegungsarten sind:

- **Grammatikalische Auslegung** (nach dem reinen Wortlaut)
- **Historische Auslegung** (Entstehungsgeschichte)
- **Systematische Auslegung (Verhältnis einzelner Normen zueinander)**
- **Teleologische Auslegung (Sinn und Zweck)**

„Betriebsvereinbarungen sind wegen ihres normativen Charakters wie Tarifverträge und Gesetze auszulegen. Auszugehen ist danach vom Wortlaut der Bestimmungen und dem durch ihn vermittelten Wortsinn. Insbesondere bei unbestimmtem Wortsinn sind der wirkliche Wille der Betriebsparteien und der von ihnen beabsichtigte Zweck zu berücksichtigen, sofern und soweit sie im Text ihren Niederschlag gefunden haben. Abzustellen ist ferner auf den Gesamtzusammenhang und die Systematik der Regelungen. Im Zweifel gebührt derjenigen Auslegung der Vorzug, die zu einem sachgerechten, zweckorientierten, praktisch brauchbaren und gesetzeskonformen Verständnis der Bestimmung führt[8]"

Anmerkung Betriebsvereinbarungen unterliegen gemäß § 310 Abs. 4 BGB nicht der AGB-Kontrolle.

---

[7] **BAG**, v. 27.07.2010 – 1 AZR 67/09.
[8] **BAG**, v. 27.07.2010 – 1 AZR 67/09.

Arten von Betriebsvereinbarungen 2

Die grundlegenden Vorschriften zu Betriebsvereinbarungen finden sich im Betriebsverfassungsgesetz (BetrVG). Eine Betriebsvereinbarung ist grundsätzlich eine Vereinbarung zwischen Arbeitgeber und Betriebsrat. Sie kann jedoch auch auf dem Spruch einer Einigungsstelle beruhen. Es wird unterschieden zwischen **erzwingbaren Betriebsvereinbarungen** (§ 77 BetrVG) und **freiwilligen Betriebsvereinbarungen** (§ 88 BetrVG) (vgl. Abb. 2.1).

2.1 Erzwingbare Betriebsvereinbarung

Eine erzwingbare Betriebsvereinbarung ist eine Vereinbarung zwischen Arbeitgeber und Betriebsrat in Angelegenheiten, in denen bei Streitigkeiten verbindlich die Einigungsstelle entscheidet. Solche erzwingbaren Betriebsvereinbarungen sind beispielsweise:

- Vereinbarungen über Zeit und Ort von Betriebsratssprechstunden, § 39 Abs. 1 BetrVG
- Mitgliederanzahl des Gesamtbetriebsrats, § 47 Abs. 6 BetrVG
- Mitgliederanzahl des Konzernbetriebsrats, § 55 Abs. 4 S. 2 BetrVG
- Sprechstunden der Jugend- und Auszubildendenvertretung, § 69 S. 3 BetrVG
- Festlegung der Mitgliederanzahl der Jugend- und Auszubildendenvertretung, § 72 Abs. 6 BetrVG
- Mitbestimmung in sozialen Angelegenheiten, § 87 Abs. 1 Nr. 1 bis Nr. 14 BetrVG
- Maßnahmen für Arbeits- und Gesundheitsschutz, § 91 BetrVG
- Personalfragebögen und allgemeine Beurteilungsgrundsätze, § 94 BetrVG

© Der/die Autor(en), exklusiv lizenziert an Springer Fachmedien Wiesbaden GmbH, ein Teil von Springer Nature 2025
M. Dimartino, *Die Betriebsvereinbarung*, essentials,
https://doi.org/10.1007/978-3-658-49622-7_2

Erzwingbare BV	Freiwillige BV
z.B. § 87 BetrVG	z.B. § 88 BetrVG nicht abschließend
Nachwirkung per Gesetz	Keine automatische Nachwirkung
Einigungsstelle	Keine grds. Zuständigkeit der Einigungsstelle - kann vereinbart werden

Abb. 2.1 Vergleich freiwillige und erzwingbare Betriebsvereinbarung

- Personelle Auswahlrichtlinien, § 95 BetrVG
- Durchführung betrieblicher Bildungsmaßnahmen, §§ 97, 98 Abs. 1 und 4 BetrVG
- Aufstellung eines Sozialplans nach § 112 Abs. 1 und 4 BetrVG, sofern § 112a BetrVG nicht einschlägig ist

Die erzwingbare Betriebsvereinbarung ist gemäß § 77 Abs. 5 BetrVG mit einer Frist von drei Monaten kündbar, sofern keine abweichende Regelung getroffen wurde. Sie wirkt nach Ablauf der Kündigungsfrist **nach**, das heißt: Die Regelungen gelten weiterhin, bis sie durch eine neue Vereinbarung ersetzt werden. In den Fällen, in denen der Spruch der Einigungsstelle die Einigung zwischen Arbeitgeber und Betriebsrat ersetzt (mithin in Fällen der erzwingbaren Betriebsvereinbarung), wird die Einigungsstelle auf Antrag einer Seite – mithin Arbeitgeber oder Betriebsrat – tätig (§ 77 Abs. 5 BetrVG)

2.2 Freiwillige Betriebsvereinbarung

Eine freiwillige Betriebsvereinbarung ist eine Vereinbarung zwischen dem Arbeitgeber und dem Betriebsrat, die Angelegenheiten regelt, die nicht der erzwingbaren Mitbestimmung des Betriebsrats unterliegen. Eine Einigung kann **nicht erzwungen** werden, die Einigungsstelle kann nur bei beiderseitigem Einverständnis tätig werden. Der Betriebsrat hat in diesen Fällen lediglich ein **Vorschlagsrecht**. Lehnt der Arbeitgeber eine Vereinbarung ab, kommt keine Betriebsvereinbarung zustande. Mögliche Inhalte einer freiwilligen Betriebsvereinbarung sind:

2.2 Freiwillige Betriebsvereinbarung

- Abweichende Anzahl freizustellender Betriebsratsmitglieder, § 38 Abs. 1 BetrVG
- Errichtung einer ständigen Einigungsstelle, § 76 Abs. 1 S. 2 BetrVG
- Vergütungsregelung einer Einigungsstelle, § 76a Abs. 5 BetrVG
- Regelungen zum Beschwerdeverfahrens, § 86 S. 1 BetrVG
- Weitere Inhalte gemäß, § 88 BetrVG
  - zusätzliche Maßnahmen zur Verhütung von Arbeitsunfällen und Gesundheitsschädigungen;
  - Maßnahmen des betrieblichen Umweltschutzes;
  - die Errichtung von Sozialeinrichtungen, deren Wirkungsbereich auf den Betrieb, das Unternehmen oder den Konzern beschränkt ist;
  - Maßnahmen zur Förderung der Vermögensbildung;
  - Maßnahmen zur Integration ausländischer Arbeitnehmer sowie zur Bekämpfung von Rassismus und Fremdenfeindlichkeit im Betrieb;
  - Maßnahmen zur Eingliederung schwerbehinderter Menschen.
  - Grundsätze von innerbetrieblichen Stellenausschreibung, § 93 BetrVG.

Auch die freiwillige Betriebsvereinbarung ist gem. § 77 Abs. 5 BetrVG mit einer Frist von drei Monaten zu kündigen – soweit die Parteien nichts Abweichendes vereinbaren. Eine freiwillige Betriebsvereinbarung wirkt nach Ablauf der Kündigungsfrist grundsätzlich nicht nach, da eine entsprechende gesetzliche Regelung fehlt. Mangels Nachwirkung können freiwillige Betriebsvereinbarungen grundsätzlich nach ihrem Ablauf keine Ansprüche für neu eintretende Arbeitnehmer entfalten. Eine Nachwirkung kann bei einer freiwilligen BV vereinbart werden[1]. Im Gegensatz zur erzwingbaren Mitbestimmung nach z. B. § 87 Abs. 2 BetrVG kann bei freiwilligen Betriebsvereinbarungen **eine Einigungsstelle nicht einseitig durch eine Partei angerufen** werden. Nach § 76 Abs. 6 S. 1 BetrVG kann die Einigungsstelle jedoch tätig werden, wenn beide Seiten dies beantragen bzw. einverstanden sind. Hier ersetzt der Spruch der Einigungsstelle die Einigung zwischen Arbeitgeber und Betriebsrat nach § 76 Abs. 6 S. 2 BetrVG, soweit beide Seiten sich im Voraus unterwerfen oder den Spruch nachträglich annehmen.

---

[1] BAG v. 28.04.1998 – 1 ABR 43/97.

Grenzen von Betriebsvereinbarungen 3

3.1 Gesetz und Billigkeit

Die Betriebsparteien haben sich natürlich an **zwingendes Recht** zu halten und dürfen dieses durch eine Betriebsvereinbarung nicht umgehen. Allerdings besteht teilweise – etwa durch Tarifverträge oder aufgrund gesetzlicher Öffnungsklauseln – die Möglichkeit, durch eine Betriebsvereinbarung von bestimmten Vorschriften abzuweichen (z. B. § 7 Arbeitszeitgesetz). Zudem unterliegen Betriebsvereinbarungen einer **Billigkeitskontrolle** nach Maßgabe der in § 75 BetrVG genannten Kriterien. Daher ist eine Betriebsvereinbarung, die gegen den Gleichbehandlungsgrundsatz aus § 75 BetrVG verstößt, unwirksam[1]. Die Betriebsparteien sind beim Abschluss von Betriebsvereinbarungen auch zur Wahrung der grundrechtlich geschützten Freiheitsrechte verpflichtet, wie beispielsweise der allgemeinen Handlungsfreiheit nach Art. 2 Abs. 1 GG[2].

Ebenso dürfen Betriebsvereinbarungen nicht in die **private Lebensgestaltung** der Arbeitnehmer hineinreichen. Betriebsvereinbarungen sind auf Regelungen beschränkt, die formellen und materiellen Arbeitsbedingungen betreffen, und damit auf den Bereich, den die Betriebsparteien sachkundig beurteilen können. Sie erstreckt sich nicht auf den außerbetrieblichen, privaten Lebensbereich der Arbeitnehmer[3]. Es dürfen also keine Regelungen für außerdienstliches Verhalten getroffen werden. Es gibt jedoch in einigen Bereichen zumindest ein

---

[1] BAG, v. 30.09.2014 – 1 AZR 1083/12.
[2] BAG, v. 12.12.2006 – 1 AZR 96/06.
[3] BAG, v. 11.07.2000 – 1 AZR 551/99.

Empfehlungsbedürfnis des Arbeitgebers an die Arbeitnehmer. So kann beispielsweise insbesondere die außerdienstliche Nutzung von Social Media zu arbeitsrechtlichen Konsequenzen führen.

▶ **Tipp** Um Arbeitnehmer entsprechend zu sensibilisieren, wird ihnen häufig ein sog. Social Media Guide an die Hand gegeben, der Handlungsempfehlungen auch für den privaten Umgang mit Social Media/KI gibt.

Durch eine Betriebsvereinbarung kann auch kein **gerichtliches Sachvortrags- und Beweisverwertungsverbot** begründet werden:

„Den Betriebsparteien fehlt die Regelungsmacht, ein über das formelle Verfahrensrecht der Zivilprozessordnung hinausgehendes Verwertungsverbot zu begründen, oder die Möglichkeit des Arbeitgebers wirksam zu beschränken, in einem Individualrechtsstreit Tatsachenvortrag über betriebliche Geschehnisse zu halten[4]."

3.2 Tarifvertrag

In § 77 Abs. 3 BetrVG ist die sog. Regelungssperre geregelt. Diese besagt, dass Arbeitsentgelte (hierzu zählen alle Geld- oder Sachleistungen des Arbeitgebers, z. B. Lohn, Prämien, Gratifikationen, Gewinnbeteiligungen etc.) oder sonstige Arbeitsbedingungen, welche im Tarifvertrag geregelt sind oder üblicherweise geregelt werden, nicht Gegenstand einer Betriebsvereinbarung sein dürfen[5]. Die Betriebsparteien haben in diesen Fällen keine Gestaltungsmacht. Zweck dieser Regelungssperre ist die Sicherung der Tarifautonomie und die Funktionsfähigkeit der Koalitionen[6].

Ausnahmen von der Regelungssperre
- Die Regelungssperre nach § 77 Abs. 3 BetrVG gilt nicht für Sozialpläne (§ 112 Abs. 1 S. 4 BetrVG).
- Die Sperrwirkung des § 77 Abs. 3 BetrVG tritt **nicht ein**, wenn ein Gesetz **aufgrund eines Tarifvertrags** oder ein Tarifvertrag selbst ausdrücklich den

---

[4] BAG, v. 29.06.2023 – 2 AZR 299/22.
[5] BAG, v. 16.11.2011 – 7 ABR 27/10.
[6] BAG, v. 25.02.2015 – 5 AZR 481/13; v. 16.11.2011 – 7 ABR 27/10.

Abschluss einer **ergänzenden Betriebsvereinbarung** zulässt (sog. **Öffnungsklausel**).

Beispiel: § 7 Arbeitszeitgesetz (ArbZG) erlaubt es, **durch Tarifvertrag oder aufgrund eines Tarifvertrags** in einer Betriebs- oder Dienstvereinbarung von bestimmten Vorschriften des ArbZG abzuweichen – allerdings nur unter strengen Voraussetzungen.

Es ist streitig, welches Verhältnis zwischen der Regelungssperre des § 77 Abs. 3 BetrVG und § 87 Abs. 1 BetrVG besteht. Nach der **sog. Vorrangtheorie** geht der Tarifvorbehalt in § 87 Abs. 1 BetrVG als speziellere Norm der Regelungssperre des § 77 Abs. 3 BetrVG vor[7]. Das bedeutet: Der Abschluss einer Betriebsvereinbarung nach § 87 Abs. 1 BetrVG bleibt möglich, sofern kein Tarifvertrag besteht oder wenn der Tarifvertrag eine Öffnungsklausel beinhaltet[8].

3.3 Verhältnis zum Arbeitsvertrag

Eine Betriebsvereinbarung gilt für den Arbeitnehmer rechtlich bindend und zwingend. Deshalb geht sie den Vereinbarungen in einem Arbeitsvertrag grundsätzlich vor (sog. Rangprinzip). Doch soweit arbeitsvertragliche Vereinbarungen vom Arbeitsvertrag abweichen, gelten sie für den Arbeitnehmer grundsätzlich nur, wenn sie für ihn günstiger sind als die Betriebsvereinbarung (sog. Günstigkeitsprinzip). Eine Ausnahme besteht, soweit der Arbeitsvertrag „betriebsvereinbarungsoffen" gestaltet ist, also mit einer Klausel versehen, dass einer Betriebsvereinbarung Vorrang eingeräumt wird, dann kann eine arbeitsvertragliche Regelung durch eine spätere erzwingbare Betriebsvereinbarung verdrängt werden[9]. Zu beachten ist jedoch, dass eine individualvertraglich vereinbarte Vergütung nach tariflichen Grundsätzen durch eine Betriebsvereinbarung nicht zu Lasten des Arbeitnehmers abgeändert werden kann[10].

Problematisch ist eine konkludente, also durch schlüssiges Handeln, getroffene (nicht schriftliche) Vereinbarung:

---

[7] BAG, v. 22.03.2005 – 1 AB 64/03.
[8] BAG, v. 22.03.2005 – 1 ABR 64/03.
[9] BAG, v. 12.08.1982 – 6 AZR 1117/79.
[10] BAG, v. 11.04.2018 – 4 AZR 119/17.

„In einem vom Arbeitgeber vorformulierten Arbeitsvertrag geregelte Arbeitsbedingungen sind schon dann nicht – konkludent – „betriebsvereinbarungsoffen" ausgestaltet, wenn und soweit die Arbeitsvertragsparteien ausdrücklich Vertragsbedingungen vereinbart haben, die unabhängig von einer für den Betrieb geltenden normativen Regelung Anwendung finden sollen. Das ist bei einer einzelvertraglich vereinbarten – dynamischen – Verweisung auf einen Tarifvertrag stets der Fall"[11].

Um hier den sichersten Weg zu wählen und die Frage zu umgehen, ob bei der Annahme von Allgemeinen Geschäftsbedingungen (AGB) eine konkludente Vereinbarung von Betriebsvereinbarungsoffenheit vorliegt, sollte die Betriebsvereinbarungsoffenheit in einem Arbeitsvertrag stets ausdrücklich geregelt werden. Besonders sorgfältig sind dabei die sich aus dem AGB-Recht ergebenden Anforderungen zu beachten. Die Vorschriften des BGB über Allgemeine Geschäftsbedingungen sind auch auf Arbeitsverträge anzuwenden, wobei jedoch die Besonderheiten des Arbeitsrechts zu berücksichtigen sind. AGB sind gem. § 305 Abs. 2 BGB für eine Vielzahl von Verträgen vorformulierte Vertragsbedingungen. Bei einem Arbeitsvertrag genügt grundsätzlich bereits die einmalige Verwendung des vorformulierten Arbeitsvertrages, um diesen gegenüber dem Arbeitnehmer als vom Arbeitgeber erstellte AGB zu klassifizieren, Vgl. § 310 Abs. 3 BGB.

3.4 Rechtsquellenklarheit

Die Betriebsvereinbarung unterliegt zudem der Rechtsquellenklarheit. D. h., durch normative Regelungen, durch die der Inhalt des Arbeitsverhältnisses unmittelbar und zwingend gestaltet werden muss, muss die Normurheberschaft eindeutig erkennbar sein[12]. Dies dient der Rechtssicherheit und Zurechenbarkeit, die in dem Schriftformgebot des § 77 Abs. 2 S. 1 und S. 2 BetrVG ihren gesetzlichen Niederschlag gefunden haben[13]. Dies gilt auch für das Zusammenspiel von Betriebs-, Gesamtbetriebs- und Konzernbetriebsvereinbarungen. Klarheit muss auch in diesem Fall darüber bestehen, wer die Regelung beschlossen hat, für wen sie gilt und wer befugt ist, sie wieder aufzuheben.

---

[11] BAG, v. 11.04.2018 – 4 AZR 119/17.
[12] BAG, v. 12.04.2017 – 7 AZR 446/15.
[13] BAG, v. 12.04.2017 – 7 AZR 446/15.

3.5 Verzicht auf Rechte aus einer Betriebsvereinbarung

Folge der zwingenden Wirkung von Betriebsvereinbarungen ist, dass Arbeitnehmer auf daraus abgeleitete Rechte nicht ohne Weiteres verzichten können (§ 77 Abs. 4 S. 2 BetrVG). Ein solcher Verzicht bedarf der Zustimmung des Betriebsrats. Hierzu ist ein entsprechender Beschluss des Betriebsrates erforderlich, der ggf. als Genehmigung[14] auch nachträglich erteilt werden kann (bis dahin ist die Verzichtsvereinbarung schwebend unwirksam). Ohne diese Zustimmung des Betriebsrats ist dieser Verzicht wegen Verstoß gegen ein gesetzliches Verbot nach § 134 BGB rechtsunwirksam[15]. Das Verbot erfasst alle Formen des Verzichts (z. B. Ausgleichsquittung, Vergleich, Prozessvergleich). Des Weiteren erlöschen diese Ansprüche aus einer Betriebsvereinbarung auch nicht durch arbeitsvertragliche Verfalls- und Ausschlussfristen, da die Ansprüche aus einer Betriebsvereinbarung nicht durch eine arbeitsvertragliche Ausschlussfrist erfasst werden[16].

Anmerkung Das Verzichtsverbot erfasst jedoch nicht den sog. Tatsachenvergleich, durch den Meinungsverschiedenheiten über die tatsächlichen Voraussetzungen von Ansprüchen aus einer Betriebsvereinbarung ausgeräumt werden[17]. Ebenso liegt ein Tatsachenvergleich vor, wenn die Parteien damit den Streit über die tatsächlichen Voraussetzungen für den Verfall von Rechten auf Grund einer Ausschlussfrist beilegen[18]. Eine weitere Ausnahme ist ein sog. Günstigkeitsvergleich, wenn der Arbeitnehmer sich mithin durch die im Verzicht enthaltene Vereinbarung insgesamt besser stellt[19].

3.6 Ausschluss- und Verjährungsfristen

Regelungen zu Ausschlussfristen – auch Verfallsfristen genannt – können sich in Tarifverträgen, Einzelarbeitsverträgen und Betriebsvereinbarungen befinden. Danach sind Ansprüche aus dem Arbeitsverhältnis innerhalb bestimmter Fristen geltend zu machen. Nach Ablauf dieser Fristen erlöschen die Ansprüche.

---

[14] BAG, v. 15.10.2013 – 1 AZR 405/12.
[15] BAG, v. 30.03.2004 – 1 AZR 85/3.
[16] BAG, v. 15.10.2013 – 1 AZR 405/12.
[17] BAG, v. 31.07.1996 – 1 AZR 138/96.
[18] BAG, v. 05.11.1997 – 4 AZR 682/95.
[19] BAG, v. 30.03.2004 – 1 AZR 85/03.

„Ausschlussfristen dienen der Schaffung von Rechtssicherheit und dem Rechtsfrieden im Vertragsverhältnis"[20].

Die Aufnahme von Ausschlussfristen in Betriebsvereinbarungen ist grundsätzlich zulässig (Vgl. § 77 Abs. 4 S. 4 BetrVG). Sie unterliegen allerdings bestimmten Einschränkungen:

- Ausschlussfristen in Betriebsvereinbarungen können sich nur auf die durch Betriebsvereinbarung geregelten Ansprüche von Arbeitnehmer und Arbeitgeber beziehen. Den Umfang, also die Reichweite der Ausschlussfrist, bestimmen die Betriebspartner in diesem Rahmen durch den Wortlaut in der Betriebsvereinbarung selbst.
- Eine Ausschlussfrist in einer Betriebsvereinbarung kann keine tariflichen Ansprüche erfassen (§ 77 Abs. 3 BetrVG; § 4 Abs. 4 TVG).
- Einzelvertragliche Ansprüche können von in Betriebsvereinbarungen enthaltenen Ausschlussfristen regelmäßig ebenfalls nicht erfasst werden, da ein Arbeitsvertrag (ohne Ausschlussfrist) insoweit eine günstigere Regelung darstellt.

Nach § 77 Abs. 4 S. 4 kann auch die Verkürzung der Verjährungsfrist für Ansprüche aus einer Betriebsvereinbarung nur durch Tarifvertrag oder Betriebsvereinbarung geregelt werden.

3.7 Unwirksamkeit einer Betriebsvereinbarung

Eine unwirksame Betriebsvereinbarung entfaltet keine Rechtswirkung. Aus ihr können weder die Betriebspartner noch die Arbeitnehmer Rechtspositionen herleiten. Als Unwirksamkeitsgründe kommen insbesondere die folgenden Gründe in Betracht:

- Verstoß gegen die Zuständigkeitsverteilung zwischen Gesamtbetriebsrat und örtlichem Betriebsrat
- Verstoß gegen den Tarifvorrang des § 77 Abs. 3 BetrVG
- Verstoß gegen den Formzwang des § 77 Abs. 2 BetrVG

---

[20] BAG, v. 11. 10. 2000 – 5 AZR 313/99.

- Alleingang des Betriebsratsvorsitzenden: BRV unterschreibt die BV ohne vorherigen oder nachträglichen Beschluss des Betriebsrats[21].
- Fehlender oder fehlerhafter Betriebsratsbeschluss
- Verstoß gegen höherrangiges Arbeitnehmerschutzrecht
- Unzulässig sind sogenannte dynamische Blankettverweisungen auf einen Tarifvertrag. Das bedeutet, dass eine Betriebsvereinbarung unwirksam ist, die in Gänze auf die jeweils gültigen Tarifverträge verweist, also selbst keine Regelungen enthält, sondern nur die Tarifverträge heranzieht.

Anmerkung Ein unwirksame Betriebsvereinbarung kann unter engen Voraussetzungen zu einer Gesamtzusage umgedeutet werden:

„Die Umdeutung einer unwirksamen Betriebsvereinbarung in eine Gesamtzusage muss durch außerhalb der Betriebsvereinbarung liegende Umstände gerechtfertigt sein, welche den Schluss zulassen, dass sich der Arbeitgeber unabhängig von der Betriebsvereinbarung vertraglich verpflichten will, die in dieser geregelten Leistungen zu gewähren[22]".

3.8 Günstigkeitsprinzip und Betriebsvereinbarung

Das Günstigkeitsprinzip im Arbeitsrecht besagt, dass bei einem Konflikt zwischen mehreren anwendbaren arbeitsrechtlichen Regelungen, welche sich auf unterschiedlichen Rängen befinden, stets diejenige Anwendung findet, die für den Arbeitnehmer objektiv am günstigsten ist. Im Verhältnis zwischen Betriebsvereinbarung und Arbeitsvertrag bedeutet das: Betriebsvereinbarungen wirken unmittelbar und zwingend auf die Arbeitsverhältnisse ein, jedoch nur insoweit, wie sie für die Arbeitnehmer günstiger sind als die arbeitsvertraglichen Regelungen. Um festzustellen, welche Regelung günstiger ist, wird ein sogenannter Günstigkeitsvergleich durchgeführt. Dabei werden die konkurrierenden Regelungen – z. B. aus Arbeitsvertrag und Betriebsvereinbarung – anhand sachlich zusammengehörender Teilbereiche (Sachgruppenvergleich) objektiv miteinander verglichen. Die für den Arbeitnehmer vorteilhaftere Regelung setzt sich durch.

Das Günstigkeitsprinzip ist jedoch nicht uneingeschränkt anwendbar. Insbesondere im Fall von sogenannten vertraglichen Einheitsregelungen kann eine

---

[21] BAG, v. 08.02.2022 – 1 AZR 233/21.
[22] BAG, v. 23.01.2018 – 1 AZR 65/17.

Betriebsvereinbarung auch dann zulässig sein, wenn sie für einzelne Arbeitnehmer ungünstiger ist, solange die Neuregelung für die Belegschaft insgesamt nicht ungünstiger ausfällt (sog. Sachgruppenvergleich[23]). Zum anderen ist eine Verschlechterung möglich, wenn der Arbeitsvertrag wirksam betriebsvereinbarungsoffen gestaltet wurde (s. Abschn. 3.3)[24].

Eine Grenze für die Betriebsvereinbarung stellt die sog. Regelungssperre des § 77 Abs. 3 BetrVG dar. Eine Betriebsvereinbarung darf nicht unter allen Umständen günstiger als ein Tarifvertrag sein. Der sogenannte Tarifvorbehalt (§ 77 Abs. 3 BetrVG) schränkt insoweit das Günstigkeitsprinzip ein, dass Arbeitsentgelte und sonstige Arbeitsbedingungen, die durch Tarifvertrag geregelt sind oder üblicherweise geregelt werden, nicht Gegenstand einer Betriebsvereinbarung sein dürfen – selbst dann nicht, wenn die Betriebsvereinbarung günstigere Regelungen vorsieht. Das bedeutet, dass Betriebsvereinbarungen in tariflich geregelten Bereichen grundsätzlich keine Geltung entfalten, es sei denn, der Tarifvertrag lässt dies ausdrücklich zu (sog. Öffnungsklausel).

---

[23] BAG, v. 15.04.2015 – 4 AZR 587/13.
[24] BAG, v. 11.04.2018, 4 AZR 119/17.

Wirkung einer Betriebsvereinbarung 4

Eine Betriebsvereinbarung besteht immer aus einem schuldrechtlichen und einem sog. normativen Teil (vgl. Abb. 4.1). Eine Betriebsvereinbarung hat **zwingende** und **normative Wirkung**, § 77 Abs. 3 BetrVG. Das bedeutet, eine abgeschlossene Betriebsvereinbarung gilt automatisch für alle Arbeitnehmer (§ 5 Abs. 2 BetrVG) des Betriebes. Daher wird auch häufig vom „Gesetz des Betriebes" gesprochen. Daher ist der Arbeitgeber auch nach § 77 Abs. 2 S. 3 BetrVG verpflichtet, Betriebsvereinbarungen an geeigneter Stelle im Betrieb auszulegen (z.b. schwarzes Brett, Intranet, Terminals etc.).

Eine Betriebsvereinbarung als privatrechtlicher Vertrag kommt durch übereinstimmende Willenserklärung der Betriebspartner zustande. Die Willensbildung des Betriebsrates erfolgt durch Beschluss. Mit Abschluss einer Betriebsvereinbarung verpflichten sich Arbeitgeber und Betriebsrat, sich entsprechend der getroffenen Abrede zu verhalten und alles zu unterlassen, was der Vereinbarung zuwiderläuft (**schuldrechtliche Wirkung**). Die Umsetzung der Betriebsvereinbarung obliegt dem Arbeitgeber (vgl. § 77 Abs. 1 BetrVG). Führt der Arbeitgeber eine Betriebsvereinbarung nicht so durch, wie sie abgeschlossen wurde, können ihm auf Antrag des Betriebsrats die betriebsvereinbarungswidrigen Maßnahmen (Unterlassungsantrag) vom Gericht untersagt werden[1]. Auf Antrag des Betriebsrates kann das Arbeitsgericht im Falle einer Zuwiderhandlung ein Ordnungsgeld in Höhe von bis zu 10.000 Euro androhen (§ 23 Abs. 3 BetrVG). Das Verhängen von Ordnungshaft gegen den Arbeitgeber für den Fall, dass dieser das Ordnungsgeld nicht zahlt, ist dagegen unzulässig[2].

---

[1] BAG, v. 10.11.1987 – 1 ABR 55/86.
[2] BAG, v. 05.10.2010 – 1 ABR 71/09.

© Der/die Autor(en), exklusiv lizenziert an Springer Fachmedien Wiesbaden GmbH, ein Teil von Springer Nature 2025
M. Dimartino, *Die Betriebsvereinbarung*, essentials,
https://doi.org/10.1007/978-3-658-49622-7_4

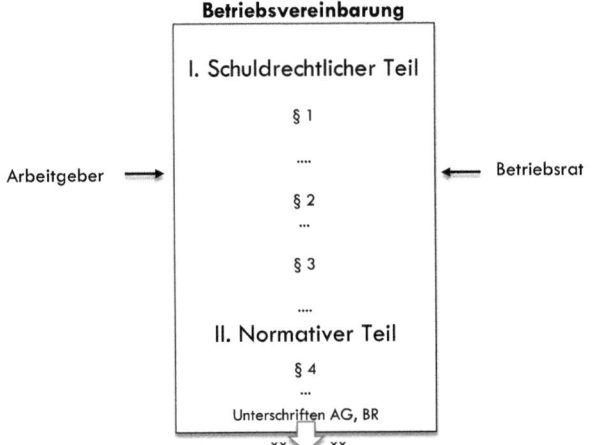

Abb. 4.1 Wirkungen einer Betriebsvereinbarung

Eine Besonderheit der Betriebsvereinbarung ist ihre **sog. normative Wirkung**. d. h. durch Betriebsvereinbarung wird objektives betriebliches Recht geschaffen, das automatisch auf jedes im Geltungsbereich der jeweiligen Betriebsvereinbarung bestehende Arbeitsverhältnis einwirkt[3].

Die normativen Regelungen einer Betriebsvereinbarung wirken:

- unmittelbar, d. h., wie ein Gesetz („Gesetze des Betriebs") auf die Arbeitsverhältnisse und gestalten den Inhalt der Arbeitsverhältnisse unmittelbar (automatisch), ohne dass es auf Billigung oder Kenntnis der Arbeitnehmer ankommt.
- zwingend, d. h., sie dürfen nicht durch einzelvertragliche Absprachen zwischen Arbeitgeber und Arbeitnehmer zu deren Ungunsten verändert werden (§ 77 Abs. 4 S. 1 BetrVG[4]).

---

[3] BAG, v. 28.07.2020 – 1 ABR 4/19.
[4] BAG, v. 16.09.1986 – GS 1/82.

Betriebsvereinbarungen sind wegen ihres normativen Charakters wie Tarifverträge und Gesetze auszulegen (s.o).

Die **zwingende Wirkung** einer Betriebsvereinbarung bedeutet, dass abweichende arbeitsvertragliche Regelungen über den gleichen Regelungsgegenstand – soweit nicht für den Arbeitnehmer günstiger – grundsätzlich ausgeschlossen sind[5]. Die zwingende und unmittelbare Wirkung einer Betriebsvereinbarung nach § 77 Abs. 4 BetrVG schließt es aus, ihre normative Geltung an das Erreichen eines Zustimmungsquorums zu knüpfen[6].

4.1 Nachwirkung einer Betriebsvereinbarung

Im Nachwirkungszeitraum verliert die Betriebsvereinbarung ihre zwingende Wirkung, d. h. es kann auch zuungunsten der Arbeitnehmer abgewichen werden. Besonderheiten sind bei Betriebsvereinbarungen mit sowohl erzwingbaren als auch freiwilligen Elementen zu beachten[7] (sog. gemischten Betriebsvereinbarungen).

> **Tipp** Eine erzwingbare Mitbestimmung im Gesetz erkennen Sie i.d.R. daran, dass die Folge die Anrufung einer Einigungsstelle nach § 76 BetrVG ist.

Nach Ablauf einer Betriebsvereinbarung gelten ihre Regelungen in Angelegenheiten, in denen ein Spruch der Einigungsstelle die Einigung zwischen Arbeitgeber und Betriebsrat ersetzen kann (erzwingbare Betriebsvereinbarungen) weiter, bis sie durch eine andere Abmachung ersetzt werden (§ 77 Abs. 6 BetrVG) (vgl. Abb. 4.2). Dies betrifft die Angelegenheiten der zwingenden Mitbestimmung. Da diese Regelungen der Betriebsvereinbarung nun keine zwingende Wirkung mehr haben, beendet jede im Nachwirkungszeitraum getroffene Vereinbarung – z.B. durch Tarifvertrag, Betriebsvereinbarung oder Arbeitsvertrag – die Nachwirkung[8]. Eine Regelungsabrede ist grundsätzlich keine andere Abmachung in diesem Sinne, da sie keine gestaltende Wirkung auf

---

[5] BAG, v. 28.07.2020 – 1 ABR 4/19.
[6] BAG, v. 28.07.2020 – 1 ABR 4/19.
[7] BAG, v. 09.07.2013 – 1 AZR 275/12.
[8] BAG, v. 23.03.1995 – 5 AZR 934/93.

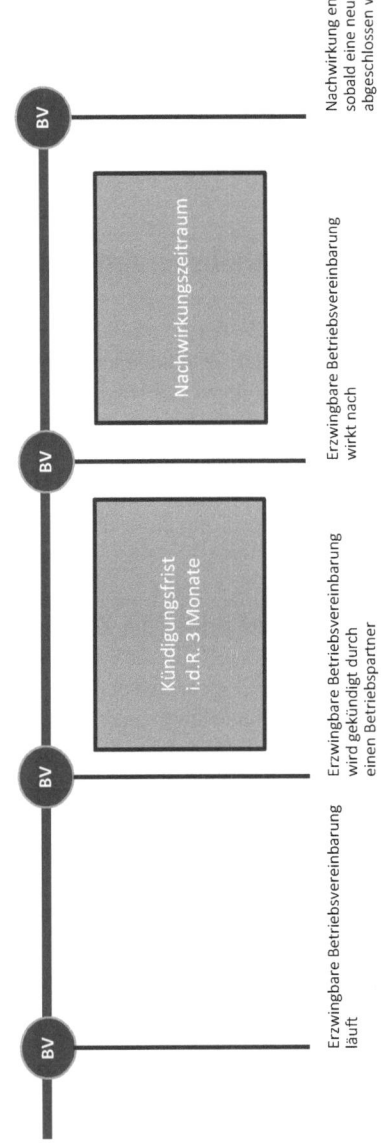

Abb. 4.2 Nachwirkung einer Betriebsvereinbarung

Arbeitsverhältnisse hat[9]. Regelungen, die nicht der zwingenden Mitbestimmung unterliegen (sog. freiwillige Betriebsvereinbarungen), entfalten kraft Gesetzes keine Nachwirkung. Betriebsvereinbarungen mit teils erzwingbaren, teils freiwilligen Regelungen wirken grundsätzlich nur hinsichtlich der Gegenstände nach, die der zwingenden Mitbestimmung unterfallen. Dies setzt jedoch voraus, dass sich die Betriebsvereinbarung sinnvoll in einen nachwirkenden und einen freiwilligen Bereich aufteilen lässt. Anderenfalls entfaltet zur Sicherung der Mitbestimmung die gesamte Betriebsvereinbarung Nachwirkung[10].

Anmerkung Auch in einer freiwilligen Betriebsvereinbarung (§ 88 BetrVG) kann eine Nachwirkung vereinbart werden[11].

Im Zeitraum der Nachwirkung behalten Betriebsvereinbarungen weiterhin die normative Wirkung auf die Arbeitsverhältnisse. Sie verlieren allerdings die zwingende Wirkung, da sie durch andere Vereinbarungen, auch zu Ungunsten der Arbeitnehmer, abgelöst werden können. Die Nachwirkung setzt voraus, dass die zeitliche Geltung der Betriebsvereinbarung als solche beendet ist.

Eine Nachwirkung ist bei erzwingbaren BV ausgeschlossen, wenn:

- der Zweck der vereinbarten Regelungen erreicht ist (z. B. eine BV über Betriebsferien für ein bestimmtes Jahr),
- die BV fristlos gekündigt wird aus wichtigem Grund,
- Arbeitgeber und Betriebsrat die Nachwirkung sowohl von vornherein als auch nachträglich ausschließen.

4.2 Abgrenzung zur Regelungsabrede

Ein weiteres wichtiges Instrument im kollektiven Arbeitsrecht für die Betriebspartner ist die sog. Regelungsabrede – auch betriebliche Absprache genannt. Die Regelungsabrede ist gesetzlich nicht ausdrücklich normiert. Dennoch spricht das BetrVG an vielen Stellen von „Vereinbarungen" zwischen Arbeitgeber und Betriebsrat (z.B. „Einvernehmen" in § 44 Abs. 2 BetrVG). Diese Regelungsabrede ist rein schuldrechtlicher Natur, d. h., ihr kommt keine normative Wirkung zu.

---

[9] BAG, v. 23.10.2018 – 1 ABR 26/17.
[10] BAG, v. 26.8.2008 – 1 AZR 354/07.
[11] BAG, v. 28.04.1998 – 1 ABR 43/97.

Tab. 4.1 Abgrenzung zwischen Betriebsvereinbarung und Regelungsabrede

Abgrenzung	Betriebsvereinbarung	Regelungsabrede
Form	Schriftlich, oder elektronisch qualifiziert	Formfrei (aber Beschluss des BR erforderlich)
Wirkung	Normativ („Gesetz des Betriebes")	Schuldrechtlich (AG & BR)
Geltung für Arbeitnehmer	Ja, unmittelbar	Nein, nur indirekt
Nachwirkung	Ja, durch Gesetz oder durch Vereinbarung	Nein
Anwendungsbereich	Kollektive i.d.R. Mitbestimmungspflichtige Themen	Einzelfälle, flexible Absprachen zwischen AG und BR
Durchsetzbarkeit	Arbeitgeber, Betriebsrat, Arbeitnehmer (§ 5 Abs. 1 BetrVG)	Arbeitgeber, Betriebsrat

Sie wirkt nur zwischen den Vertragsparteien (wie ein Vertrag)[12]. D. h., im Gegensatz zur Betriebsvereinbarung entfaltet eine Regelungsabrede nur zwischen dem Arbeitgeber und dem Betriebsrat rechtliche Wirkungen und nicht im Verhältnis zu einzelnen Arbeitnehmern. Die Regelungsabrede unterliegt keiner Formvorschrift, diese kann daher grundsätzlich auch mündlich vereinbart werden. Die Regelungsabrede setzt jedoch eine auf die Zustimmung zu der Maßnahme gerichtete wirksame Beschlussfassung des Betriebsrats voraus, welche sodann dem Arbeitgeber mitgeteilt wird[13]. Allerdings empfiehlt es sich allein schon aus Beweisgründen, trotzdem stets die Schriftform zu wählen (s. Tab. 4.1).

▶ **Wichtig** Eine bloße Hinnahme eines mitbestimmungswidrigen Verhaltens des Arbeitgebers durch den Betriebsrat lässt nicht auf den Abschluss einer formfreien Regelungsabrede schließen.

Eine Regelungsabrede ist rechtlich bindend für die Betriebspartner. Der Betriebsrat hat, ähnlich wie bei einer Betriebsvereinbarung, einen gerichtlich durchsetzbaren Anspruch auf deren Durchführung gegenüber dem Arbeitgeber.

---

[12] BAG, v. 08.09.2010 – 7 ABR 73/09; v. 26.09.2018 – 7-ABR 18/16.
[13] BAG, v. 18.03.2014 – 1 ABR 75/12.

Eine Regelungsabrede kann für eine Vielzahl von Situationen verwendet werden. Wichtig ist aber, dass der Gegenstand der Regelung in die Zuständigkeit des jeweiligen Betriebsratsgremiums fällt. Die Grenzen der Inhalte finden sich in den Gesetzen und tariflichen Regelungen. Geregelt werden können organisatorische Fragen der Betriebsverfassung und auch inhaltliche Regelungen von Beteiligungsrechten. Die Regelungsabrede wird auch häufig gewählt, um organisatorische oder vorläufige Regelungen zu treffen, die ggf. einer späteren Betriebsvereinbarung vorgehen, z.b. die Vorgehensweise bei kurzfristiger Überstundenbeantragung für ein bestimmtes Projekt.

Eine Regelungsabrede kann grundsätzlich analog § 77 Abs. 5 BetrVG mit einer Frist von drei Monaten gekündigt werden, soweit nichts anderes vereinbart wurde. Häufig endet eine Regelungsabrede auch mit Zweckerreichung oder dadurch, dass sie von einer Betriebsvereinbarung abgelöst wird. Die Regelungsabrede hat keine Nachwirkung i.S.v. § 77 Abs. 6 BetrVG[14]. Die Regelungsabrede wird nicht nach den Grundsätzen der Gesetzesauslegung, sondern bei Unstimmigkeiten gemäß §§ 133, 157 BGB ausgelegt[15]; d. h., wie sie die Parteien nach Treu und Glauben unter Berücksichtigung der Verkehrssitte verstehen mussten.

Beispiele

Arbeitgeber und Betriebsrat regeln kurzfristig Modalitäten der Überstunden für ein Projekt, welches in ca. drei Monaten abgeschlossen werden soll. ◄

4.3 Abgrenzung zur Gesamtzusage

Unter einer Gesamtzusage ist eine Erklärung des Arbeitgebers zu verstehen, die an alle Arbeitnehmer oder einen nach abstrakten Merkmalen bestimmten Teil von Arbeitnehmern gerichtet ist (z.B. via Schwarzes Brett, Intranet, Aussage auf Betriebsversammlung etc.), zusätzliche Leistungen erbringen zu wollen (s. Abb. 4.3). Gegenstand einer Gesamtzusage können zugunsten des Arbeitnehmers zugesagte Leistungen wie z.B. Gratifikationen, Einmalzahlungen, betriebliche Altersversorgungen, Sonderzahlungen, Essenzuschüsse etc. sein. Einer ausdrücklichen Annahmeerklärung des in der Gesamtzusage enthaltenen Angebots des Arbeitgebers bedarf es nicht. Dieses wird über § 151 BGB (Annahme nach der

---

[14] BAG, v. 13.08.2019 – 1 ABR 10/18.
[15] BAG, v. 08.09.2010 – 7 ABR 73/09; v. 26.09.2018 – 7-ABR 18/16.

Regelungsabrede	Gesamtzusage
Zwischen AG und BR, formlos (Beschluss BR notwendig)	Kollektive Zusage des AG an die Belegschaft, formlos
Bindet nur die Betriebsparteien	Wirkt unmittelbar auf die Arbeitsverhältnisse der AN
Keine Nachwirkung	Wirkt sich auf künftige AN aus, soweit nicht begrenzt
Kündigung, Zeitablauf, Änderung durch Betriebspartner	Änderung durch Vertrag oder Änderungskündigung
Regelt Organisation zwischen Betriebspartnern, kurzfristige Angelegenheiten	Regelt Zusage an Arbeitnehmer, z.B. Sonderzahlung

Abb. 4.3 Vergleich Regelungsabrede und Gesamtzusage

Verkehrssitte nicht zu erwarten oder Verzicht auf Annahme) ergänzender Inhalt des Arbeitsvertrags.

„Eine Gesamtzusage ist die an alle Arbeitnehmer des Betriebes oder einen nach abstrakten Merkmalen bestimmten Teil von ihnen in allgemeiner Form gerichtete ausdrückliche Willenserklärung des Arbeitgebers, bestimmte Leistungen erbringen zu wollen. Eine ausdrückliche Annahme des in der Erklärung enthaltenen Antrages i.S.v. § 145 BGB wird dabei nicht erwartet und es bedarf ihrer auch nicht. Das in der Zusage liegende Angebot wird gem. § 151 S. 1 BGB angenommen und ergänzender Inhalt des Arbeitsvertrages. Die Arbeitnehmer – auch die nachträglich in den Betrieb eintretenden – erwerben einen einzelvertraglichen Anspruch auf die zugesagten Leistungen, wenn sie die Anspruchsvoraussetzungen erfüllen. Dabei wird die Gesamtzusage bereits dann wirksam, wenn sie gegenüber den Arbeitnehmern in einer Form verlautbart wird, die den einzelnen Arbeitnehmer typischerweise in die Lage versetzt, von der Erklärung Kenntnis zu nehmen. Auf dessen konkrete Kenntnis kommt es nicht an"[16].

> **Beispiel**
>
> Der Arbeitgeber gewährt allen Arbeitnehmern eine einmalige freiwillige Sonderzahlung und hängt die diesbezügliche Information am schwarzen Brett aus.

---

[16] BAG, v. 30.01.2019 – 5 AZR 450/17.

4.3 Abgrenzung zur Gesamtzusage

Hat ein Arbeitnehmer Ansprüche aus unterschiedlichen Rängen (z.B. Arbeitsvertrag und Betriebsvereinbarung), so greift zunächst das Rangprinzip, wonach das Ranghöhere gilt. Bei mehreren Regelungen auf unterschiedlichen Rängen greift ein individueller Günstigkeitsvergleich zugunsten des Arbeitnehmers[17] – dies bezeichnet das sog. Günstigkeitsprinzip. ◄

Ausnahme Dieser Günstigkeitsvergleich kommt aber gerade nicht zur Anwendung, wenn eine Gesamtzusage betriebsvereinbarungsoffen gestaltet ist. Unter Betriebsvereinbarungsoffenheit versteht man die Möglichkeit, den Arbeitsvertrag bzw. die Gesamtzusage so zu gestalten, dass diese einer Abänderung durch Betriebsvereinbarung unterliegt. Dies kann ausdrücklich oder konkludent (stillschweigend) erfolgen[18].

„Eine Gesamtzusage ist betriebsvereinbarungsoffen gestaltet, wenn sie einen ausdrücklichen oder stillschweigenden Vorbehalt der Ablösung durch eine spätere Betriebsvereinbarung enthält. Eine entsprechende konkludente Vereinbarung kann sich in diesem Zusammenhang aus dem betriebseinheitlichen Regelungsgegenstand, einem Hinweis auf eine Abstimmung mit dem Betriebsrat und einem Widerrufsvorbehalt ergeben"[19].

---

[17] BAG, v. 16.9.1986 – GS 1/82.
[18] BAG, v. 05.03.2013 – 1 AZR 417/12.
[19] **BAG, v. 24.01.2024 – 10 AZR 33/23.**

Durchführung von Betriebsvereinbarungen

5

Soweit nichts anderes vereinbart ist, entfaltet eine Betriebsvereinbarung mit Unterzeichnung ihre Wirkung. Nachdem eine Betriebsvereinbarung unterschrieben ist, müssen weiter die Voraussetzungen geschaffen werden, dass die enthaltenen Regelungen im Betrieb auch durchgeführt bzw. umgesetzt werden können. Nach Unterzeichnung ist der Arbeitgeber verpflichtet, die Betriebsvereinbarung im Betrieb bekannt zu machen, beispielsweise durch Auslegung an geeigneter Stelle (§ 77 Abs. 2 S. 4 BetrVG). Eigene Bekanntmachungen des Betriebsrates am schwarzen Brett oder durch sonstige Informationsmittel z. B. Intranet stellen keinen unzulässigen Eingriff in die Betriebsleitung dar.

Nach § 77 Abs. 1 S. 1 BetrVG führt der Arbeitgeber Vereinbarungen zwischen Betriebsrat und Arbeitgeber durch, es sei denn, im Einzelfall wurde etwas anderes vereinbart. Der Arbeitgeber hat die betriebliche Organisations- und Leistungsmacht, daher trägt er die Verantwortung für die treffenden Maßnahmen, um die Betriebsvereinbarung umzusetzen bzw. durchzuführen. D. h., der Arbeitgeber muss Sorge dafür tragen, dass die Arbeitnehmer sich an die Betriebsvereinbarung halten[1].

Setzt der Arbeitgeber eine Betriebsvereinbarung nicht um, kann der Betriebsrat diese Durchführung nicht stellvertretend für den Arbeitgeber herbeiführen, denn nach § 77 Abs. 1 S. 2 BetrVG darf der Betriebsrat nicht durch einseitige Handlungen in die Leitung des Betriebes eingreifen. § 80 Abs. 1 Nr. 1 BetrVG verpflichtet den Betriebsrat dazu, zu überwachen, dass die zugunsten der Arbeitnehmer geltenden Betriebsvereinbarungen durchgeführt werden. Wenn das nicht

---

[1] BAG, v. 29.04.2004 – 1 ABR 30/02.

geschieht, sollte der Betriebsrat den Arbeitgeber zunächst an seine **Umsetzungspflicht** erinnern. Weigert sich der Arbeitgeber daraufhin nach wie vor, die Betriebsvereinbarung umzusetzen, oder handelt der Arbeitgeber einfach nicht, kann der Betriebsrat ein **Beschlussverfahren beim Arbeitsgericht** einleiten. In eilbedürftigen Fällen ist auch ein Antrag auf Erlass einer einstweiligen Verfügung möglich (§ 85 Abs. 2 ArbGG).

Arbeitnehmer des Betriebes können individualrechtliche Ansprüche, soweit diese ihnen nicht gewährt werden, selbst vor Gericht einklagen (z. B. Jubiläumsprämie, Zulagen etc.), da die Betriebsvereinbarung Teil ihres Arbeitsverhältnisses ist. Zuständig ist das örtliche Arbeitsgericht. Darüber hinaus hat der Betriebsrat auch einen Anspruch darauf, dass der Arbeitgeber betriebsvereinbarungswidrige Maßnahmen unterlässt[2]. Ein **Unterlassungsanspruch** setzt keine grobe Pflichtverletzung voraus[3]. Ein Unterlassungsanspruch kann gerichtlich geltend gemacht werden.

Durchführung der Betriebsvereinbarung
- Betriebsvereinbarung wird gemeinsam beschlossen, schriftlich fixiert und von beiden Seiten unterzeichnet.
- Arbeitgeber macht die Betriebsvereinbarung im Betrieb bekannt.
- Arbeitgeber setzt die Regelungen der Betriebsvereinbarung um.
- Betriebsrat überwacht die Durchführung und kann bei Nichtumsetzung rechtliche Schritte einleiten.

---

[2] BAG, v. 22.08.2017 – 1 ABR – 6/16.
[3] BAG, v. 29.09.2004 – 1 ABR 30/02.

Beendigung einer Betriebsvereinbarung 6

Um eine Betriebsvereinbarung zu beenden, bestehen folgende Möglichkeiten:

- Eine Betriebsvereinbarung kann mit dem Ablauf eines vereinbarten Datums oder mit Zweckerreichung enden.
- Weiter können die Betriebsparteien einen schriftlichen Aufhebungsvertrag abschließen.
- Eine Betriebsvereinbarung kann von jeder Betriebspartei durch Kündigung beendet werden mit einer Frist von drei Monaten, Vgl. § 77 Abs. 5 BetrVG. In der Betriebsvereinbarung können abweichende Kündigungsfristen vereinbart werden. Die Kündigung bedarf keines Grundes. Das Gesetz schreibt keine Form für die Kündigung vor, jedoch muss diese „unmissverständlich und eindeutig" sein[1]. Eine Form, z. B. die Schriftform, kann beispielsweise in der Betriebsvereinbarung festgehalten werden.
- Die Teilkündigung einer Betriebsvereinbarung ist grundsätzlich zulässig, soweit der gekündigte Teil einen selbständigen Regelungskomplex betrifft[2].
- Darüber hinaus endet eine Betriebsvereinbarung mit Inkrafttreten einer anderen Betriebsvereinbarung über denselben Gegenstand (ablösende Betriebsvereinbarung).
- Kündigung durch Insolvenzverwalter gem. § 120 InsO.
- Kündigung aus wichtigem Grund ohne Einhaltung der Kündigungsfrist, Vgl. § 120 Abs. 2 InsO etc.

---

[1] BAG, v. 19.02.2008 – 1 AZR 114/07.
[2] BAG, v. 06.11.2007 – 1 AZR 826/06.

© Der/die Autor(en), exklusiv lizenziert an Springer Fachmedien Wiesbaden GmbH, ein Teil von Springer Nature 2025
M. Dimartino, *Die Betriebsvereinbarung*, essentials,
https://doi.org/10.1007/978-3-658-49622-7_6

Wird eine Betriebsvereinbarung gekündigt, endet mit dem Ablauf der Kündigungsfrist die Rechtsgrundlage für diese Ansprüche der Arbeitnehmer aus der Betriebsvereinbarung. Geschützt werden die Ansprüche der Arbeitnehmer aus Betriebsvereinbarung nur im Bereich der mitbestimmungspflichtigen Betriebsvereinbarung durch die in § 77 Abs. 4 BetrVG vorgesehene Nachwirkung der Betriebsvereinbarung (Abschn. 4.1). Besonderheiten gelten bei Betriebsvereinbarungen zur betrieblichen Altersvorsorge[3].

Anmerkung: Der Tod des Arbeitgebers führt nicht zu einer Beendigung der Betriebsvereinbarung. Ebenso führt das Ende der Amtszeit des Betriebsrats nicht automatisch zu einer Beendigung. Die Betriebsvereinbarung gilt kollektivrechtlich weiter fort, auch wenn kein neuer Betriebsrat gewählt wird.

6.1 Insolvenz

Das Arbeitsrecht gilt auch in der Insolvenz des Arbeitgebers. Der Insolvenzverwalter tritt mit der Eröffnung des Verfahrens an die Stelle des Arbeitgebers; ab diesem Zeitpunkt ist er Ansprechpartner des Betriebsrats und der Arbeitnehmer. Er ist kündigungs- und weisungsbefugt etc. Auch die Mitbestimmungsrechte des Betriebsrats gelten im Insolvenzverfahren grundsätzlich uneingeschränkt. Lediglich im Detail werden in den Regelungen der §§ 120–128 InsO einige Vorschriften des Betriebsverfassungsgesetzes abgeändert. Die Insolvenzeröffnung berührt nicht die Wirksamkeit von bestehenden Betriebsvereinbarungen. Allerdings regelt § 120 Abs. 1 InsO, dass der Insolvenzverwalter und der Betriebsrat über eine einvernehmliche Herabsetzung der Leistungen verhandeln sollen, die in einer Betriebsvereinbarung geregelt sind und die Insolvenzmasse belasten. Zudem ist der Insolvenzverwalter nach dieser Vorschrift berechtigt, die Betriebsvereinbarung mit einer Dreimonatsfrist zu kündigen, auch wenn eine längere Frist vereinbart ist. Unberührt hiervon bleibt das Recht, eine Betriebsvereinbarung aus wichtigem Grund ohne Einhaltung einer Kündigungsfrist zu kündigen.

Ein wichtiger Grund kann darin liegen, dass der Insolvenzverwalter vor die Wahl gestellt wird, das Unternehmen für eine übertragende Sanierung zu erhalten oder das Verfahren wegen nachträglicher Massearmut unverzüglich einstellen zu lassen. Mit Einstellung wäre der Rechtsträger erloschen. Damit wäre für die

---

[3] BAG, v. 16.02.2010 – 3 AZR 181.

Gläubiger ein Vermögenswert vernichtet und für einen Teil der Arbeitnehmer die letzten Aussichten, den Arbeitsplatz zu erhalten.

Unabhängig davon, ob die Betriebsvereinbarung ordentlich oder außerordentlich gekündigt wird, wirkt sie unter Umständen nach (§ 77 Abs. 6 BetrVG). Dies schmälert den Bedeutungsgehalt dieser Vorschrift. Weiter ist zu beachten, dass die Kündigung von Betriebsvereinbarungen nach § 120 InsO in Eigenverwaltungsverfahren der Zustimmung des Sachwalters bedarf, § 279 S. 2 InsO. Es gelten Sonderregelungen für Interessenausgleich und Sozialplan (s. Tab. 6.1).

▶ **Tipp** Beschlüsse des Insolvenzverfahrens können hier eingesehen werden www.insolvenzbekanntmachungen.de.

6.2 Betriebsübergang

Besonderheiten gelten für Betriebsvereinbarungen bei einem Betriebsübergang i. S. v. § 613a BGB. Ein solcher Betriebsübergang liegt vor, wenn infolge eines Übergangs des Betriebes oder Betriebsteils durch Rechtsgeschäft die Person des Betriebsinhabers wechselt, d. h., wenn ein neuer Rechtsträger die wirtschaftliche Einheit unter Wahrung ihrer Identität fortführt. Der neue Betriebsinhaber tritt in alle Rechte und Pflichten aus dem im Zeitpunkt des Betriebsübergangs bestehenden Arbeitsverhältnis bzw. Ausbildungsverhältnis ein (§ 613a Abs. 1 S. 1 BGB). Nach einem Betriebsübergang können Betriebsvereinbarungen normativ fortgelten oder ihre Bestimmungen können nach § 613a Abs. 1 S. 2 BGB Inhalt der Arbeitsverhältnisse mit dem Erwerber werden.

Bei Übertragungen des vollständigen Betriebes gelten die Betriebsvereinbarungen kollektiv unmittelbar und zwingend weiter, da die betriebliche und betriebsverfassungsrechtliche Identität des Betriebes gewahrt bleibt. Der bisherige Betriebsrat bleibt im Amt, der Erwerber wird Betriebspartner des Betriebsrates. Der Betriebserwerber tritt dann in die betriebsverfassungsrechtliche Stellung des früheren Betriebsinhabers ein und ist an die im Betrieb geltenden Betriebsvereinbarungen jedenfalls so lange gebunden, bis sie ihr Ende finden, etwa dadurch, dass der Betrieb seine Identität verliert und deshalb aufhört zu bestehen[4]. Es bleibt mithin alles wie vor dem Betriebsübergang.

---
[4] BAG, v. 10.11.2011 – 8 AZR 430/10.

Tab. 6.1 Kurzübersicht wichtiger Paragrafen im Insolvenzverfahren, die das Arbeitsrecht bzw. Betriebsvereinbarungen betreffen

InsO-Norm	Inhalt	Besonderheiten / Hinweise
§ 120 InsO	Betriebsvereinbarungen können mit einer Frist von drei Monaten gekündigt werden, auch, wenn eine längere Frist gilt. Unberührt bleibt das Recht zur fristlosen Kündigung	Soweit diese Betriebsvereinbarungen Leistungen vorsehen, die die Insolvenzmasse belasten
§ 121 InsO	Vermittlungsversuch durch die Bundesagentur für Arbeit im Interessenausgleichsverfahren nur einvernehmlich	Einigungsstelle setzt gemeinsames Ersuchen Insolvenzverwalter und Betriebsrat voraus
§ 122 InsO	Interessenausgleich binnen drei Wochen. Sonst kann der Insolvenzverwalter Betriebsänderungen per arbeitsgerichtlichem Zustimmungsersetzungsverfahren durchsetzen	Kein langwieriges Interessenausgleichsverfahren nötig
§ 123 InsO	Sozialplanvolumen im Insolvenzverfahren ist begrenzt	Maximal 2,5 Bruttomonatsgehälter pro Arbeitnehmer (absolute Grenze) und max. 1/3 der Insolvenzmasse (relativ)
§ 124 InsO	Widerrufsmöglichkeit des Insolvenzverwalters oder des Betriebsrats für Sozialplan, soweit nicht älter als drei Monate	Ein Widerruf eines Sozialplans durch den BR kann taktisch sinnvoll sein, wenn er sodann versucht, einen Sozialplan neu zu verhandeln
§ 125 InsO	Interessenausgleich mit Namensliste: soziale Auswahl nicht grob fehlerhaft, wenn ausgewogene Personalstruktur	Sonst gilt Rechtslage wie außerhalb der Insolvenz, siehe § 1 Abs. 5 KSchG. Ein solcher Interessenausgleich ersetzt die Stellungnahme nach § 17 Abs. 3 S. 2 KSchG
§§ 126, 127 InsO	Kein Interessenausgleich nach § 125: Insolvenzverwalter kann Betriebsbedingtheit der Kündigungen gerichtlich feststellen lassen. Rechtskräftige Entscheidung nach § 126 InsO ist grds. bindend auch für eine Kündigungsschutzklage	Nach drei Wochen ergebnisloser Verhandlung

6.2 Betriebsübergang

Beim Übergang von Betriebsteilen bzw. Zusammenführung mehrerer Betriebe geht die betriebsverfassungsrechtliche Identität des bisherigen Betriebes verloren. Der Betriebserwerber tritt gesamtschuldnerisch in die Rechte und Pflichten aus den im Zeitpunkt des Übergangs bestehenden Arbeitsverhältnissen ein gem. § 613a BGB. Betriebsvereinbarungen werden mit dem Betriebsübergang Inhalt des einzelnen übergegangenen Arbeitsverhältnisses (§ 613a Abs. 1 S. 2 BGB) – sie verlieren mithin ihre kollektivrechtliche Wirkung und werden Teil der arbeitsvertraglichen AGB.

Die arbeitsvertraglich geltenden Regelungen (inkl. der TV-, BV-Regelungen, die nun Teil dessen sind) dürfen **nicht vor Ablauf eines Jahres** nach dem Zeitpunkt des Übergangs **zum Nachteil** des Arbeitnehmers abgeändert werden. Der Betriebsrat nimmt sodann ein Übergangsmandat nach § 21a BetrVG wahr.

Erwerber hat eigene Betriebsvereinbarungen mit gleichem Gegenstand: Die ablösende Wirkung nach § 613a Abs. 1 S. 3 BGB setzt voraus, dass die ursprünglich beim Veräußerer unmittelbar wirkende Betriebsvereinbarung und die beim Erwerber geltende Betriebsvereinbarung denselben Gegenstand regeln. Der Regelung in § 613a Abs. 1 S. 3 BGB liegt das Ablösungsprinzip zugrunde[5].

---

[5] BAG, v. 22.04.2009 – 4 AZR 100/08.

Einigungsstelle 7

Das Einigungsstellenverfahren kann erst eingeleitet werden, wenn die Verhandlungen zwischen Arbeitgeber und Betriebsrat endgültig gescheitert sind. Ein Versuch einer gütlichen Einigung muss vorher unternommen worden sein. Gründe für die Anrufung der Einigungsstelle können mangelnde Verhandlungsbereitschaft oder lange, erfolglose Verhandlungen sein. Das Scheitern der Verhandlungen muss vom Betriebsrat per Beschluss festgestellt werden. Die Einigungsstelle setzt sich aus einem Vorsitzenden und einer gleichen Anzahl von Beisitzern zusammen, die jeweils vom Arbeitgeber und Betriebsrat ernannt werden (§ 76 Abs. 2 S. 1 BetrVG). Arbeitgeber und Betriebsrat müssen sich auf die Person des Vorsitzenden einigen. Gelingt dies nicht, entscheidet das Arbeitsgericht auf Antrag einer Seite. Der Vorsitzende muss unparteiisch sein, über die notwendige Rechts- und Sachkenntnis verfügen, Verhandlungsgeschick besitzen und möglichst mit den örtlichen Gegebenheiten vertraut sein. Die Anzahl der Beisitzer ist gesetzlich nicht festgelegt. In der Regel wird eine Besetzung mit je zwei Beisitzern als angemessen betrachtet. Diese Zahl kann jedoch bei besonderen Streitfällen angepasst werden. Können sich Arbeitgeber und Betriebsrat nicht auf die Anzahl der Beisitzer einigen, entscheidet das Arbeitsgericht (§ 76 Abs. 2 S. 3 BetrVG).

Ein Einigungsstellenverfahren ist in den Fällen **erzwingbar,** in denen das Betriebsverfassungsgesetz ausdrücklich vorsieht, dass der Spruch der Einigungsstelle die Einigung zwischen Arbeitgeber und Betriebsrat ersetzt (§ 76 Abs. 5 S. 1 BetrVG). Die Einigungsstelle wird auf Antrag einer Seite tätig, ohne dass die andere Partei zustimmen muss. Der Spruch der erzwingbaren Einigungsstelle ersetzt die Einigung zwischen Arbeitgeber und Betriebsrat und ist für beide Seiten grundsätzlich verbindlich. Eine Ausnahme bildet der Beschluss der Einigungsstelle beim Interessenausgleich (§ 112 Abs. 3 BetrVG), der als Einigungsvorschlag gilt, über dessen Annahme Arbeitgeber und Betriebsrat selbst entscheiden. Soweit eine Einigung nicht zustande kommt, greift sodann der Spruch der Einigungsstelle nach Maßgabe von § 112 Abs. 4 BetrVG.

Ein **freiwilliges** Einigungsstellenverfahren kommt in Betracht, wenn das Betriebsverfassungsgesetz keine verbindliche Einigung der Betriebspartner vorsieht. In diesen Fällen wird die Einigungsstelle nur tätig, wenn beide Seiten dies beantragen oder zustimmen (§ 76 Abs. 6 S. 1 BetrVG). Weiter ersetzt der Spruch der Einigungsstelle bei freiwilligen Betriebsvereinbarungen nicht automatisch eine fehlende Einigung, wie es bei erzwingbaren Betriebsvereinbarungen der Fall ist. Der Spruch der Einigungsstelle wird nur dann für die Parteien verbindlich, wenn beide Betriebsparteien dies ausdrücklich vereinbaren. Die Betriebspartner können sich die Annahme der Entscheidung durch die Einigungsstelle auch vorbehalten und sich diesem nachträglich unterwerfen.

Aufbau einer Betriebsvereinbarung 8

Eine Betriebsvereinbarung besteht in der Regel aus folgenden Bestandteilen:

- **Vertragsrumpf:** Zu Beginn wird die Vereinbarungspartner benannt. In der Regel lautet die Formulierung:

  „Der Arbeitgeber der Firma X schließt mit dem Betriebsrat der Firma X folgende Betriebsvereinbarung zum Thema (z. B. „Arbeitszeit)".

- **Präambel:** Sie enthält die Zielsetzung und den gemeinsamen Willen der Betriebsparteien. Hier wird oft in einleitenden Worten dargelegt, warum die Betriebsvereinbarung geschlossen wird und welche Grundsätze ihr zugrunde liegen. *Achtung:* Die Präambel hat keine rechtsverbindliche Wirkung und ist nicht einklagbar, sondern dient lediglich der Auslegung und Orientierung[1].
- **Persönlicher und sachlicher Anwendungsbereich:** Es wird geregelt, für welche Beschäftigtengruppen und auf welche Sachverhalte die Betriebsvereinbarung Anwendung findet.
- **Gegenstand der Regelung:** Der zentrale Regelungsbereich der Vereinbarung. Dieser Teil enthält die konkreten Inhalte und Maßnahmen, auf die sich die Betriebsparteien verständigt haben. In der Regel wird hierbei auf die Rechtsgrundlage verwiesen, z. B. § 87 Abs. 1 Nr. 2 und 3 BetrVG (Mitbestimmungsrechte des Betriebsrats).
- **Konfliktregelungen:** Für den Fall von Auslegungsstreitigkeiten oder Meinungsverschiedenheiten über die Umsetzung empfiehlt es sich, Regelun-

---

[1] BAG, v. 23.01.2018 – 1 AZR 65/17.

© Der/die Autor(en), exklusiv lizenziert an Springer Fachmedien Wiesbaden GmbH, ein Teil von Springer Nature 2025
M. Dimartino, *Die Betriebsvereinbarung,* essentials,
https://doi.org/10.1007/978-3-658-49622-7_8

gen zur Konfliktbewältigung festzulegen. Dies ist besonders bei sensiblen Themen wie Datenschutz, betriebliches Eingliederungsmanagement (BeM) oder Mitarbeiterbeurteilungen sinnvoll.

- **Salvatorische Klausel:** Diese sichert die Wirksamkeit der Betriebsvereinbarung auch dann, wenn einzelne Bestimmungen rechtlich unwirksam sein sollten. Typische Formulierung:

    „Sollte eine Bestimmung dieser Vereinbarung unwirksam sein oder werden, so bleibt die Wirksamkeit der übrigen Regelungen hiervon unberührt."

- **Geltungsdauer:** Festlegung von Beginn und ggf. Ende der Laufzeit der Betriebsvereinbarung (z. B. Befristung, Probephasen, Evaluationszeitpunkte). Es kann auch eine stillschweigende Verlängerung oder automatische Nachwirkung geregelt sein.
- **Einigungsstelle und Nachwirkung:** Regelungen über die Anrufung einer Einigungsstelle bei Konflikten sowie zur Nachwirkung der Vereinbarung nach Kündigung, insbesondere bei mitbestimmungspflichtigen Regelungstatbeständen (§ 77 Abs. 6 BetrVG).
- **Ort, Datum, Unterschriften:** Am Ende werden Ort und Datum des Abschlusses sowie die Unterschriften der Vertragspartner (Arbeitgeber und Betriebsrat) aufgeführt.
- **Anlagen:** Etwaige Anhänge, die Bestandteil der Vereinbarung sind (z. B. Musterformulare, Schichtpläne, Richtlinien), sollten klar bezeichnet und verbindlich mit der Betriebsvereinbarung verbunden werden.

▶ **Tipp** Gerade bei komplexen oder konfliktträchtigen Themen (z. B. Datenschutz, betriebliches Eingliederungsmanagement, Leistungs- und Verhaltenskontrollen) empfiehlt es sich, proaktive Regelungen zur Konfliktbewältigung sowie transparente Verfahren zur Evaluation und Anpassung in die Vereinbarung aufzunehmen.

Typische Betriebsvereinbarungen 9

Die folgenden Themen bieten einen Überblick über typische Betriebsvereinbarungen, die in verschiedenen Unternehmen von Bedeutung sein können. Sie zeigen auf, wie wichtig es ist, dass Betriebsräte und Arbeitgeber regelmäßig zusammenarbeiten, um neue Regelungen zu entwickeln und bestehende Vereinbarungen anzupassen. Eine durchdachte und rechtlich fundierte Betriebsvereinbarung sorgt für klare Verhältnisse und schützt sowohl die Interessen der Arbeitnehmer als auch des Arbeitgebers.

- **Arbeitszeiterfassung:** Angesichts der EuGH-Rechtsprechung zur Arbeitszeiterfassung[1] haben viele Unternehmen begonnen, ein entsprechendes Zeiterfassungssystem einzuführen. Auch wenn noch immer strittig ist, ob Arbeitgeber gesetzlich zur Einführung eines solchen Systems verpflichtet sind, kann es sinnvoll sein, gemeinsam mit den Betriebsparteien eine klare Regelung zu treffen, um Rechtssicherheit zu schaffen. Eine abgestimmte Einführung sorgt für Transparenz und trägt dazu bei, mögliche rechtliche Risiken zu minimieren.
- **Datenschutz:** Mit der Einführung eines Zeiterfassungssystems rückt auch der Datenschutz in den Vordergrund. Es ist von großer Bedeutung, dass nur die notwendigsten Daten erhoben werden und die erfassten Informationen tatsächlich für den jeweiligen Zweck erforderlich sind. Besonders bei der Nutzung von Zutrittserkennungssystemen ist Vorsicht geboten: Die Verwendung biometrischer Daten, wie etwa eines Fingerabdrucksystems, könnte als unverhältnismäßig eingestuft werden und ist daher unter Umständen unzulässig.

---

[1] EuGH, v. 14.05.2019 – C-55/18; BAG, v. 13.09.2022 - 1 ABR 22/21.

© Der/die Autor(en), exklusiv lizenziert an Springer Fachmedien Wiesbaden GmbH, ein Teil von Springer Nature 2025
M. Dimartino, *Die Betriebsvereinbarung,* essentials,
https://doi.org/10.1007/978-3-658-49622-7_9

Angesichts der hohen Sanktionen bei Datenschutzverstößen sollten alternative, weniger eingreifende Mittel in Betracht gezogen werden.

- **Home-Office/Mobiles Arbeiten:** Viele Unternehmen haben ihren Mitarbeitenden während der Pandemie kurzfristig ermöglicht, im Home-Office oder mobil zu arbeiten. Sollte bisher keine Betriebsvereinbarung zu diesem Thema existieren, ist es ratsam, eine solche zu erarbeiten. Dabei sollten insbesondere Datenschutz, die Wahrung von Geschäftsgeheimnissen und der Gesundheitsschutz der Mitarbeiter beachtet werden. Eine klare Regelung zu diesen Aspekten trägt nicht nur zur Rechtssicherheit bei, sondern auch zu einer besseren Vereinbarkeit von Arbeit und Privatleben der Beschäftigten.
- **Kurzarbeit/Verlängerung der Kurzarbeit:** Die Corona-Krise hat gezeigt, wie wichtig eine enge Zusammenarbeit zwischen Betriebsrat und Arbeitgeber in Krisenzeiten ist. Nur durch diese Zusammenarbeit konnte Kurzarbeit schnell und flächendeckend eingeführt werden. Für einige Betriebe stellt das Thema Kurzarbeit nun eine neue Herausforderung dar, während andere sich bereits mit der Verlängerung beschäftigen. Bei einer Verlängerung sollte geprüft werden, ob Anpassungen notwendig sind, beispielsweise in Bezug auf Ankündigungsfristen oder die Anrechnung von Urlaub während der Kurzarbeit null.
- **Beschäftigungssicherung/Weiterbildung in der Digitalisierung:** Die Pandemie hat auch als Katalysator für Weiterbildung und digitale Transformation gewirkt. In dieser Zeit sollten die Betriebsparteien gemeinsam den Bildungsbedarf ihrer Mitarbeitenden prüfen, um sicherzustellen, dass alle notwendigen Fähigkeiten für die digitale Arbeitswelt vorhanden sind. Zudem sollten die Möglichkeiten zur Förderung dieser Fortbildungen, etwa durch das Qualifizierungschancengesetz, geprüft werden. Solche Weiterbildungsmaßnahmen können nicht nur die Beschäftigungssicherung stärken, sondern auch dazu beitragen, die Belegschaft für die Herausforderungen der Digitalisierung zu rüsten.

Rahmen-Betriebsvereinbarung 10

Eine Rahmen-Betriebsvereinbarung (RBV) ermöglicht es dem Betriebsrat und dem Arbeitgeber, **allgemeine Bestimmungen für einen bestimmten Sachverhalt** zu treffen, ohne diesen bereits abschließend zu regeln[1]. Sie dient dazu, Leitlinien oder Richtlinien für die zukünftige Handhabung eines Themas festzulegen. So kann beispielsweise in einer Rahmen-Betriebsvereinbarung festgelegt werden, unter welchen Bedingungen Kurzarbeit angeordnet werden kann, während die konkrete Anordnung der Kurzarbeit, der Umfang sowie die betroffenen Mitarbeiter in einer separaten Betriebsvereinbarung geregelt werden. Eine solche Rahmen-Betriebsvereinbarung erschöpft das Mitbestimmungsrecht des Betriebsrats aufgrund der fehlenden abschließenden Regelung nicht.

Es ist auch möglich, dass mit einer Rahmen-Betriebsvereinbarung eine Regelung für einen zukünftigen Sachverhalt getroffen werden soll, ohne dass dies bereits für einen aktuellen Fall zutrifft. Ein Beispiel hierfür sind sogenannte **Rahmensozialpläne**, die Art und Umfang des wirtschaftlichen Ausgleichs bei zukünftigen Betriebsänderungen gemäß § 111 BetrVG abschließend regeln sollen. Wird ein Sozialplan nicht für eine konkrete Betriebsänderung abgeschlossen, sondern soll dieser Geltung für sämtliche zukünftigen Betriebsänderungen beanspruchen, spricht man von einem sog. Rahmensozialplan. Ein Rahmensozialplan ist eine freiwillige Vereinbarung und kann nicht durch die Einigungsstelle erzwungen werden[2].

Rahmen-Betriebsvereinbarungen kommen auch häufig auf der Ebene des Gesamt- oder Konzernbetriebsrats zum Einsatz. Hier wird ein Sachverhalt grund-

---

[1] BAG, v. 23.03.2021 – 1 ABR 31/19.
[2] BAG, v. 22.03.2016 – 1 ABR 12/14.

© Der/die Autor(en), exklusiv lizenziert an Springer Fachmedien Wiesbaden GmbH, ein Teil von Springer Nature 2025
M. Dimartino, *Die Betriebsvereinbarung*, essentials,
https://doi.org/10.1007/978-3-658-49622-7_10

sätzlich geregelt, wobei die konkrete Ausgestaltung des Rahmens den örtlichen Betriebsräten überlassen wird. Bei derartigen Regelungen muss jedoch stets die gesetzliche Zuständigkeitsverteilung der betriebsverfassungsrechtlichen Gremien berücksichtigt werden, wie es in § 50 Abs. 2 BetrVG festgelegt ist: Ist eine Angelegenheit in der Zuständigkeit des Gesamt- oder Konzernbetriebsrats, so ist dieser sowohl berechtigt als auch verpflichtet, den Sachverhalt umfassend zu regeln. Die Zuständigkeit des Gesamtbetriebsrats beschränkt sich nicht auf eine Rahmenkompetenz. Eine einheitliche mitbestimmungspflichtige Angelegenheit darf daher nicht in Teile aufgespalten werden, die in die Zuständigkeit des Gesamtbetriebsrats und in die Zuständigkeit der örtlichen Betriebsräte fallen. Der Gesamt- oder Konzernbetriebsrat kann seine Regelungskompetenz auch nicht auf die örtlichen Betriebsräte delegieren. Aus diesem Grund ist eine Rahmen-Betriebsvereinbarung häufig nicht geeignet, die gesetzlichen Mitbestimmungsrechte abschließend auszuüben. Eine Rahmen-Betriebsvereinbarung, die keinen aktuellen Mitbestimmungsfall abschließend regelt, ist daher grundsätzlich nicht erzwingbar (§ 77 Abs. 6 BetrVG). Sie bleibt somit eine freiwillige Betriebsvereinbarung im Sinne von § 88 BetrVG.

Eine Rahmen-Betriebsvereinbarung zum Thema **Datenschutz und Künstliche Intelligenz** ist besonders relevant, da der Einsatz von KI in Unternehmen zunehmend an Bedeutung gewinnt und damit auch neue datenschutzrechtliche Herausforderungen mit sich bringt. Eine solche Vereinbarung legt grundsätzliche Regelungen fest, wie der Datenschutz im Zusammenhang mit dem Einsatz von KI-Technologien im Betrieb gewahrt werden kann, ohne die konkreten Anwendungsfälle oder Technologien bereits im Detail zu regeln.

Eine Rahmen-Betriebsvereinbarung zum Datenschutz und KI stellt sicher, dass der Einsatz von Künstlicher Intelligenz im Unternehmen nicht nur die Produktivität und Effizienz steigert, sondern auch die Rechte der Mitarbeiter respektiert und der Datenschutz gewahrt bleibt. Sie bietet eine klare Grundlage, wie KI-Anwendungen datenschutzkonform integriert und überwacht werden können, ohne dass jede einzelne technische Entwicklung oder Anwendung im Detail geregelt werden muss. Sie dient als flexibles Instrument, das sich den dynamischen Veränderungen im Bereich der KI anpasst und gleichzeitig die Rechte der Arbeitnehmer schützt.

Beispiele
- IT-Rahmenbetriebsvereinbarung,
- Datenschutz-Rahmenbetriebsvereinbarung,
- KI-Rahmenbetriebsvereinbarung

Fazit 11

Eine Betriebsvereinbarung dient nicht nur der Regelung von Arbeitsbedingungen, sondern auch der Förderung einer guten Zusammenarbeit zwischen Arbeitgeber und Betriebsrat. Sie ist ein verbindliches Dokument, das wichtige Aspekte des Arbeitsalltags festlegt und sowohl die Interessen der Arbeitnehmer als auch die des Arbeitgebers berücksichtigt. Es ist daher von großer Bedeutung, dass alle Beteiligten, also Arbeitgeber, Betriebsräte und Arbeitnehmer, die verschiedenen Regelungsmöglichkeiten einer Betriebsvereinbarung kennen und verstehen.

Für **Arbeitgeber** bietet die Betriebsvereinbarung die Möglichkeit, klare und verbindliche Regeln für den Betrieb zu definieren, die für alle Mitarbeiter gelten. Sie sorgt für rechtliche Klarheit und schützt vor möglichen rechtlichen Auseinandersetzungen. Arbeitgeber sollten sich bewusst sein, dass sie durch die Betriebsvereinbarung nicht nur Pflichten, sondern auch Rechte und Gestaltungsspielräume erhalten, etwa in Bezug auf Arbeitszeiten, Entlohnung, Arbeitsbedingungen oder auch den Umgang mit neuen Technologien.

Betriebsräte hingegen haben die Aufgabe, die Interessen der Arbeitnehmer zu vertreten und in die Gestaltung von Betriebsvereinbarungen aktiv einzugreifen. Sie sollten ein tiefgehendes Verständnis der rechtlichen Rahmenbedingungen und Möglichkeiten der Mitbestimmung haben, um die besten Lösungen für die Belegschaft zu erzielen. Es ist auch wichtig, dass Betriebsräte wissen, welche Themen unter die Mitbestimmung fallen und welche nicht, um ihre Rechte und Pflichten im Verhandlungsprozess korrekt einzuschätzen.

Arbeitnehmer sollten sich nicht nur passiv auf bereits bestehende Betriebsvereinbarungen verlassen, sondern sich auch aktiv mit diesen auseinandersetzen. In vielen Fällen können Betriebsvereinbarungen den Arbeitsalltag erheblich beeinflussen – sei es durch Regelungen zu Arbeitszeitmodellen, Gesundheits- und Sicherheitsvorkehrungen oder auch zu spezifischen Regelungen im

Zusammenhang mit neuen Technologien. Arbeitnehmer sollten sich daher regelmäßig über bestehende Vereinbarungen informieren und wissen, wie sie davon profitieren können.

Die **Betriebsvereinbarung** selbst ist ein lebendiges Dokument, das regelmäßig überprüft und angepasst werden sollte, um aktuellen Entwicklungen gerecht zu werden. Besonders in Zeiten des Wandels – wie etwa bei der Einführung neuer Technologien, digitaler Arbeitsformen oder flexibler Arbeitszeitmodelle – ist es unerlässlich, die bestehenden Vereinbarungen zu evaluieren und gegebenenfalls zu erweitern oder anzupassen.

Zusammenfassend lässt sich sagen: Alle Beteiligten – Arbeitgeber, Betriebsrat und Arbeitnehmer – sollten die Regelungsmöglichkeiten kennen und sich über die Inhalte und Auswirkungen bestehender Vereinbarungen im Klaren sein.

Checklisten und Muster 12

12.1 Checkliste Betriebsvereinbarung entwickeln

Die Entwicklung einer Betriebsvereinbarung erfordert systematisches Vorgehen und eine sorgfältige inhaltliche sowie rechtliche Vorbereitung. Die folgende Checkliste unterstützt bei der strukturierten Erstellung:

1. Themenfindung und rechtliche Einordnung

- Thema der Betriebsvereinbarung klar definieren
- Prüfen, ob es sich um ein Thema der erzwingbaren oder freiwilligen Mitbestimmung handelt (§ 87 Abs. 1 BetrVG)
- Klären, ob und welches Gremium zuständig ist (z. B. Gesamtbetriebsrat, Konzernbetriebsrat)
- Mandat klären (Auftrag durch das Gremium erforderlich?)

2. Wissensaufbau und Recherche

- In das Thema einarbeiten, Fachliteratur und Schulungen nutzen
- Muster-Betriebsvereinbarungen aus verlässlichen Quellen (z. B. Gewerkschaften, Verbände, Fachverlage) sichten
- Bestehende Betriebsvereinbarungen im Unternehmen prüfen (Ist-Zustand vs. Soll-Zustand)

3. Struktur und Inhalte planen

- Mindestinhalte identifizieren (zwingend notwendige Regelungen)
- Optionale oder klarstellende Inhalte benennen (Verhandlungsmasse)
- Prüfen, ob das Thema in mehrere Betriebsvereinbarungen aufgeteilt werden sollte (z. B. „Arbeitszeit" und „Zeiterfassungssystem und Datenschutz")
- Geeigneten Umsetzungszeitraum und Rahmenbedingungen bestimmen

4. Tarifliche und gesetzliche Rahmenbedingungen

- Bestehende Tarifverträge prüfen:
- Gibt es Regelungssperren (z. B. bei tariflich abschließend geregelten Themen)?
- Liegen Öffnungsklauseln vor, die betriebliche Regelungen zulassen?
- Gesetzes- und Tarifvorbehalte nach § 87 BetrVG beachten

5. Organisation und Projektmanagement

- Aufgabenverteilung im Gremium oder Bildung einer Arbeitsgruppe
- Interne Projektstruktur aufsetzen (Meilensteine, Zeitplanung)
- Kommunikationsstrategie intern (z. B. Info an Beschäftigte) und extern festlegen

6. Konflikt- und Umsetzungsmanagement

- Mechanismen zur Beschwerde oder Mediation festlegen
- Evaluationszeitraum definieren: Wie und wann wird die BV überprüft?
- Geltungsdauer, Kündigungsfristen und etwaige Probephasen festlegen

7. Erstellung und Verhandlungen

- Ersten Entwurf intern formulieren
- Bei Bedarf Sachverständige hinzuziehen (Rechtsanwälte, Datenschutzbeauftragte, Gewerkschaften)
- Verhandlungsstrategie erarbeiten:
  - Was sind unsere Kernanliegen?
  - Wo sind wir verhandlungsbereit?
  - Kommunikations- und Verhandlungskompetenz durch Schulungen stärken

12.2 Muster[1] Betriebsvereinbarung über mobiles Arbeiten

gemäß § 87 Abs. 1 Nr. 14 Betriebsverfassungsgesetz[2] (BetrVG)

Präambel
Die fortschreitende Digitalisierung verändert Arbeitsprozesse und Arbeitsumgebungen. Um wettbewerbsfähig zu bleiben und flexible Arbeitsmodelle zu ermöglichen, ist mobiles Arbeiten ein wichtiger Bestandteil der betrieblichen Arbeitsorganisation. Zudem soll mobiles Arbeiten das selbstbestimmte Arbeiten sowie die Vereinbarkeit von Familie und Beruf fördern. Dabei ist es von entscheidender Bedeutung, dass mobiles Arbeiten unter Berücksichtigung des Datenschutzes, der physischen und psychischen Gesundheit sowie der betrieblichen Interessen erfolgt. Die Betriebsparteien sind sich bewusst, dass mobiles Arbeiten ein hohes Maß an gegenseitigem Vertrauen und verantwortungsvollem Handeln aller Beteiligten erfordert. Die Teilnahme am mobilen Arbeiten ist stets freiwillig.

§ 1 Geltungsbereich

1. Diese Betriebsvereinbarung gilt für alle Arbeitnehmer[3] gemäß § 5 Abs. 1 Betriebsverfassungsgesetz (BetrVG) mit Ausnahme der leitenden Angestellten gemäß § 5 Abs. 3 und Abs. 4 BetrVG.
2. Diese Betriebsvereinbarung findet keine Anwendung auf Auszubildende oder Arbeitnehmer in der Probezeit.
3. Diese Betriebsvereinbarung gilt für den Betriebsstandort X.

---

[1] Das Muster bedarf der Prüfung und Anpassung im Einzelfall und dient lediglich der Orientierung.
[2] Der Betriebsrat hat entsprechend des Wortlautes nur ein Mitbestimmungsrecht bezüglich der Ausgestaltung – also des „wie" – des mobilen Arbeitens. Die Frage „ob" es mobiles Arbeiten gibt verbleibt beim Arbeitgeber.
[3] Aus Gründen der besseren Lesbarkeit wird auf die gleichzeitige Verwendung männlicher, weiblicher und diverser Sprachformen verzichtet. Sämtliche Personenbezeichnungen gelten gleichermaßen für alle Geschlechter.

§ 2 Definitionen

1. **Mobile Arbeit** umfasst alle arbeitsvertraglich geschuldeten Arbeitsleistungen, die außerhalb der vom Arbeitgeber betriebenen Betriebsstätten erbracht werden. Diese Leistungen können sowohl online als auch offline erbracht werden.
2. Mobile Arbeit ist innerhalb Deutschlands gestattet (oder: innerhalb der EU/ oder in diesen Ländern ... bzw. im Einzelfall auch in anderen Ländern nach vorheriger Absprache und Prüfung durch Arbeitgeber, Betriebsrat und dem Datenschutzbeauftragten)
3. ggf. Unterscheidung zum Home-Office aufnehmen.
4. Es gelten die Feiertage des Betriebsstandorts.

§ 3 Voraussetzungen für mobiles Arbeiten

1. Grundsätzlich können alle Arbeitnehmer, die länger als sechs Monate im Betrieb tätig sind und deren Aufgaben für mobiles Arbeiten geeignet sind, einen Antrag auf mobiles Arbeiten stellen. Im Genehmigungsverfahren wird geprüft, ob die Tätigkeit und das mobile Arbeiten miteinander vereinbar sind. Wenn nicht, bleibt es bei der Präsenzpflicht im Betrieb. Eine Arbeitsaufgabe ist geeignet, wenn sie ohne Beeinträchtigung des Arbeitsergebnisses, des betrieblichen Ablaufs und des Kontakts zum Betrieb eine zeitweilige Abwesenheit vom betrieblichen Arbeitsplatz zulässt. Eine Liste der geeigneten Aufgaben ist als **Anlage X** zur Betriebsvereinbarung beigefügt.
2. **Technische Voraussetzungen am Arbeitsort:** Arbeitnehmer sind selbst dafür verantwortlich, dass sie an ihrem Arbeitsort die notwendige technische Infrastruktur (Strom- und Internetzugang) für die dienstliche Arbeit sicherstellen.

Arbeitnehmer können jederzeit, nach entsprechender Mitteilung an den Arbeitgeber, zur Arbeit im Betrieb zurückkehren, wwenn sie aus persönlichen Gründen nicht mehr mobil arbeiten können. Mobiles Arbeiten ist stets freiwillig.

3. **Antragsverfahren**
   a. Die mobile Arbeit wird beim zuständigen Vorgesetzten beantragt.
   b. Bei Genehmigung des Antrags stimmen Arbeitnehmer und Vorgesetzter die Anzahl der Arbeitstage bzw. Stunden, die Aufteilung zwischen Büroarbeit und mobiler Arbeit sowie die Kommunikationsweise ab. Das Ergebnis wird zumindest in Textform festgehalten und dem Arbeitnehmer sowie der Personalabteilung übermittelt.

c. Ziel ist eine Einigung auf Abteilungsebene. Kann keine Einigung erzielt werden, wird der Betriebsrat eingeschaltet. Findet auch hier keine Einigung statt, muss eine Entscheidung zwischen Betriebsrat und Arbeitgeber getroffen werden.
d. Wird der Antrag abgelehnt, hat der Arbeitnehmer die Möglichkeit, eine Beschwerde einzureichen. Diese wird geprüft durch die Beschwerdekommission X.

§ 4 Arbeitszeit

1. Die geltenden Arbeitszeitregelungen bleiben uneingeschränkt in Kraft. Mobile Arbeit erfolgt daher im Rahmen der jeweils geltenden tarif- oder arbeitsvertraglichen Arbeitszeitvorgaben.
2. Eine Erweiterung des Arbeitszeitvolumens durch mobiles Arbeiten ist ausdrücklich nicht vorgesehen. Die Ruhezeiten gemäß Arbeitszeitgesetz (ArbZG) sind einzuhalten.
3. Überstunden und Arbeiten außerhalb der Regelarbeitszeit (z. B. in der Nacht, an Wochenenden oder Feiertagen, Anpassung der Lage der Arbeitszeit wegen Auslandsaufenthalt) dürfen nur mit schriftlicher Anordnung des Vorgesetzten und nach Zustimmung des Betriebsrats geleistet werden.

§ 5 Zeiterfassung

1. Mobile Arbeit ist muss genauso erfasst werden wie Arbeit in der Betriebsstätte.
2. Für die Zeiterfassung gelten die gesetzlichen Arbeitszeitvorgaben uneingeschränkt.
3. Bei der Zeiterfassung wird zwischen Arbeitnehmern unterschieden, die über ein digitales Zeiterfassungssystem arbeiten und denen, bei denen dies nicht der Fall ist.
   a. **Digitale Zeiterfassung:** Die mobile Arbeitszeit wird über ein digitales Zeiterfassungssystem erfasst, welches der Arbeitgeber zur Verfügung stellt. Nach Möglichkeit erfolgt die Zeiterfassung automatisch. Nach Maßgabe der datenschutzrechtlichen Anforderungen, die auch im Betrieb gelten.
   b. **Zeiterfassung auf andere Weise:** Ist eine automatische Zeiterfassung nicht möglich, muss jeder Arbeitnehmer die geleisteten Arbeitsstunden täglich in geeigneter Form dokumentieren und dem Vorgesetzten vorlegen. Der Vorgesetzte kann innerhalb von einer Woche Widerspruch gegen die

Dokumentation einlegen. Erfolgt kein Widerspruch, gelten die erfassten Arbeitszeiten als verbindlich anerkannt.

§ 6 Erreichbarkeit

1. Jeder Arbeitnehmer stimmt die Zeiten der Erreichbarkeit mit seinem Vorgesetzten ab. Diese orientieren sich an den üblichen Arbeitszeiten in der jeweiligen Abteilung, können jedoch je nach individueller Vereinbarung abweichen.
2. Der Arbeitnehmer hat außerhalb der vereinbarten Erreichbarkeitszeiten ein Recht auf Ruhe und Erholung. Dies gilt besonders für frühe Morgen- und Abendstunden sowie für Wochenenden, Sonn- und Feiertage. Es sind Besonderheiten zu berücksichtigen beim Aufenthalt im Ausland.
3. Sollte es dem Arbeitnehmer nicht möglich sein innerhalb von zwei Stunden auf sicheres Internet und störungsfreies Internet zugreifen zu können, darf der Arbeitgeber diesen, soweit keine andere Lösung einvernehmlich gefunden werden kann, zurück in den Betrieb rufen.
4. Bei technischen Problemen steht ein Firmenansprechpartner/IT telefonisch bzw. via Fernwartung zur Verfügung.

§ 7 Arbeits- und Kommunikationsmittel

1. Der Arbeitgeber stellt den mobil tätigen Arbeitnehmern die notwendigen Kommunikationsmittel zur Verfügung (insbesondere Smartphones, Laptops, Tablets) sowie einen leistungsfähigen Internetzugang.
2. Es gelten die betrieblichen Regelungen zur privaten Nutzung von Kommunikationsmitteln auch für die mobile Arbeit.

§ 8 Arbeitsschutz- und Datensicherheit

1. Die allgemeinen Arbeitsschutzbestimmungen, insbesondere die Arbeitsstättenverordnung, gelten auch für den mobilen Arbeitsplatz. Der Arbeitgeber stellt sicher, dass der Arbeitsplatz hinsichtlich Ergonomie und Arbeitssicherheit allen rechtlichen und arbeitswissenschaftlichen Vorgaben entspricht.
2. Die Arbeitnehmer haben im Intranet Zugriff auf Empfehlungen zur Bewegungsanregung und gesundem Sitzen. Es besteht die Möglichkeit, die App der Gesundheitskasse ... auf das eigene Smartphone zu installieren und regelmäßige Tipps zur Gesundheitsvorsorge zu erhalten sowie an regelmäßigen Onlinekursen (Ernährung, Bewegung, Resilienz etc.) hierzu teilzunehmen.

3. Datenschutzrechtliche Bestimmungen und Anforderungen an die Datensicherheit sind bei mobiler Arbeit ebenfalls strikt zu beachten. Insbesondere sind sichere Passwörter zu setzen und stets eine sichere Verbindung zum Firmenserver aufzubauen via VPN (genaueres in der BV Datenschutz).
4. Die Arbeitnehmer sind verpflichtet, vor Antragsstellung erneut das zur Datensicherheit bestehende E-Learning zu durchlaufen.

§ 9 Zutrittsrecht
Mobile Arbeit in den Räumen der Arbeitnehmer ist nur mit vorheriger Einwilligung der betreffenden Arbeitnehmer und aller im fraglichen Haushalt lebenden, volljährigen Bewohner und unter Einräumung eines Zutrittsrechts an Vertreter des Arbeitgebers (z. B. Arbeitsschutzbeauftragte, Datenschutzbeauftragte) sowie zuständigen Behörden (z.B. Datenschutzaufsichtsbehörde) zulässig. Wird diese Einwilligung widerrufen, endet die Berechtigung zur Durchführung mobiler Arbeit.

§ 10 Haftung
Der Arbeitgeber stellt die mobil tätigen Arbeitnehmer durch geeignete Versicherungen oder Vereinbarungen von Haftungsansprüchen für Schäden frei, die im Rahmen mobiler Arbeit entstehen. Es gelten die gleichen Regelungen wie im Betrieb – insbesondere die Privilegierung der Arbeitnehmerhaftung. Die Versicherungen sind über die mobile Tätigkeit durch den Arbeitgeber zu informieren.

§ 11 Beendigung des mobilen Arbeitens
Mobile Arbeit nach Maßgabe dieser Betriebsvereinbarungen kann jederzeit vom Arbeitnehmer zurückgenommen werden, indem der Antrag widerrufen wird. Arbeit ist dann wieder ausschließlich in der Betriebsstätte des Arbeitgebers zu leisten.

§ 12 Evaluation
Eine Evaluation (z.B. durch Mitarbeiterbefragungen, Feedbackrunden, Auswertung von Betriebsdaten etc.) dieser Betriebsvereinbarung erfolgt nach einem Jahr seit Inkrafttreten dieser Betriebsvereinbarung sowie in besonderen Fällen, z.B. bei wesentlichen Änderungen der gesetzlichen oder betrieblichen Rahmenbedingungen. Auf dieser Grundlage beratschlagen Arbeitgeber und Betriebsrat über etwaige Anpassungen, z.B., um die Arbeitsbedingungen für die Beschäftigten weiter zu verbessern.

§ 13 Salvatorische Klausel

Sollten einzelne Bestimmungen dieser Betriebsvereinbarung unwirksam oder undurchführbar sein oder nach Vertragsschluss unwirksam oder undurchführbar werden, so wird dadurch die Wirksamkeit der Betriebsvereinbarung im Übrigen nicht berührt. Die Parteien verpflichten sich, eine neue, möglichst inhaltsgleiche Regelung zu vereinbaren.

§ 14 Schlussbestimmungen

1. Diese Betriebsvereinbarung tritt mit Unterzeichnung durch beide Parteien in Kraft. Diese Betriebsvereinbarung ist auf unbestimmte Zeit geschlossen.
2. Sie kann von beiden Seiten mit einer Frist von drei Monaten gekündigt werden, erstmals zum ... . Die Kündigung muss schriftlich erfolgen.
3. Diese Betriebsvereinbarung wirkt nach.
4. Bei Streitigkeiten entscheidet die Einigungsstelle.
5. Folgende Anlagen sind Bestandteile dieser Betriebsvereinbarung:
   - Anlage 1: Geeignete Arbeiten
   - Anlage 2: Antrag mobiles Arbeiten
   - etc.

Ort, Datum	Ort, Datum
Unterschrift Arbeitgeber	Unterschrift Betriebsrat

12.3 Muster[4] BV: Betriebliches Eingliederungsmanagement

Gem. § 167 Abs. 2 SGB IX (*Achtung*: Die Norm gilt auch für AN außerhalb des BetrVG).

Präambel

Das betriebliche Eingliederungsmanagement (bEM) ist ein systematisches Lösungs-Suchverfahren, es dient dazu, die Ursachen der Arbeitsunfähigkeit herauszufinden und mit den Betroffenen gemeinsame Lösungen zur Wiederherstellung und Erhaltung der Arbeitsfähigkeit zu finden. Die vorliegende Betriebsvereinbarung bestimmt das Verfahren des Betrieblichen Eingliederungs-

---

[4] Das Muster bedarf der Prüfung und Anpassung im Einzelfall und dient lediglich der Orientierung.

12.3 Muster BV: Betriebliches Eingliederungsmanagement

managements in der Muster GmbH nach gemeinsam festgelegten Regelungen, um die Beschäftigungsfähigkeit aller Beschäftigten im o. g. Sinne zu erhalten, zu sichern und möglichst zu verbessern.

§ 1 Geltungsbereich
Diese Betriebsvereinbarung gilt für alle Beschäftigten[5] des Betriebes X.

§ 2 Ziele und Grundsätze
Mit den Maßnahmen des Betrieblichen Eingliederungsmanagements werden folgende Ziele verfolgt:

- die Arbeitsunfähigkeit zu überwinden
- die Arbeitsfähigkeit langfristig wiederherzustellen und zu erhalten
- die Wiedereingliederung in eine berufliche Tätigkeit (leidensgerechter Arbeitsplatz)
- zukünftige Behinderungen und chronische Krankheiten zu vermeiden
- einen Arbeitsplatz nachhaltig zu sichern
- das Erkennen möglicher betrieblicher Ursachen und ihre Beseitigung
- krankheitsbedingte Kündigungen möglichst zu vermeiden und die Weiterbeschäftigung sicherzustellen

§ 3 Grundsätze
Die Durchführung des bEM ist ein freiwilliges, ergebnisoffenes Verfahren. Jeder einzelne Verfahrensschritt bedarf der Zustimmung des Beschäftigten. Der Betroffene kann zu jeder Zeit ohne Begründung das Verfahren abbrechen und beenden.

Alle Daten, Gespräche und Protokolle im Rahmen des bEM sind höchst vertraulich. Sämtliche Beteiligte unterliegen der Verschwiegenheit. Die erhobenen Daten werden nur für die in dieser Betriebsvereinbarung genannten Ziele verwandt. Auf die Hinweise zum Datenschutz (Punkt X) wird verwiesen.

§ 4 BEM-Team

1. Zur Umsetzung des bEM wird ein bEM-Team gebildet. Die Teammitglieder sind:

---

[5] Aus Gründen der besseren Lesbarkeit wird auf die gleichzeitige Verwendung männlicher, weiblicher und diverser Sprachformen verzichtet. Sämtliche Personenbezeichnungen gelten gleichermaßen für alle Geschlechter.

- ein/e Beauftragte(r) des Arbeitgebers (z.b. der Personalabteilung),
- ein Mitglied des Betriebsrats,
- ggf. ein Mitglied der Schwerbehindertenvertretung
- die Ansprechperson(en)/Fallmanager/Stellvertretung
- die Vertrauensperson des Betroffenen,
- der Betriebsarzt,
- die Fachkraft für Arbeitssicherheit.

Die Leitung des Teams liegt bei der/dem Beauftragten des Arbeitgebers. Dieses Kernteam kann vorübergehend bedarfsabhängig erweitert werden, insbesondere um zusätzlichen betriebsinternen oder – externen Sachverstand einzuholen.

2. *Mit dem betroffenen Arbeitnehmer gemeinsam wird das beM-Team in einem ergebnisoffenen Verfahren überlegen, welche Maßnahmen notwendig sind, damit die Arbeitsfähigkeit gestärkt wird.* Das bEM-Team entwickelt geeignete Instrumente im Rahmen des bEM und trifft die Entscheidungen über allgemeine Maßnahmen. Das bEM-Team berät und entscheidet im Rahmen der Kompetenzen über individuelle, vom jeweiligen Fallmanager vorgeschlagene Maßnahmen und Einleitung der betrieblichen Umsetzung. Dabei besteht *auch Raum für eigenen Vorschläge des betroffenen Ar3beitnehmers.*
3. **Organisatorisches:** Mindestens jährlich berichtet das bEM-Team unter Wahrung der Anonymität (Anlage „Bericht an Arbeitgeber") an den Arbeitgeber. Dem bEM-Team werden durch den Arbeitgeber die dafür erforderlichen Informationen und Ressourcen im notwendigen Umfang zur Verfugung gestellt. Eine Übersicht des aktuellen Teams ist im Intranet bzw. auf der zentralen Infotafel zu finden.
4. *Alle Mitglieder des bEM-Teams sind zur absoluten Vertraulichkeit verpflichtet. Das gesamte Verfahren unterliegt strengen datenschutzrechtlichen Anforderungen. Das bEM-Team wird vor Antritt entsprechend unterwiesen.*

§ 5 Ansprechperson und persönliches Integrationsteam

Das bEM-Team bestimmt mindestens zwei, möglichst drei Ansprechpersonen, die geeignet und bereit sind, Gespräche und ggf. das Fallmanagement mit den betroffenen Beschäftigten durchzuführen. Ansprechpersonen können Mitglieder des Betriebsrats, der Schwerbehindertenvertretung oder andere Funktionsträger, nicht jedoch Vertreter des Arbeitgebers sein. Die Ansprechpersonen erhalten geeignete und hinreichende Fortbildungen für diese Tätigkeit.

Die/der betroffene Beschäftigte kann für bEM-Gespräche und Fallmanagement eine Ansprechperson auswählen. Auf Wunsch der/s Betroffenen oder in einvernehmlicher Absprache können weitere interne und/oder externe Fachkräfte hinzugezogen werden, insbesondere (dies ist keine abschließende Aufzählung):

- ein Mitglied des Betriebsrats,
- die Vertrauensperson der Schwerbehinderten,
- den Betriebsarzt,
- Vertreter/in von Integrationsamt, Renten-/Kranken-/Unfallversicherung
- eine Person des Vertrauens.

Sofern die/der Betroffene einwilligt, kann die Ansprechperson zur eigenen Unterstützung bzw. zur Unterstützung des individuellen Fallmanagements ein persönliches Integrationsteam bilden. Die Einwilligung muss sich namentlich auf jedes Mitglied des persönlichen BEM-Teams beziehen (Anlage „Weitergabe an Dritte").

§ 6 Verfahren

1. **Feststellung beM-Berechtigung:** Beschäftigten, die innerhalb der letzten 12 zurückliegenden Kalendermonate (nicht Kalenderjahr) länger als sechs Wochen ununterbrochen oder wiederholt arbeitsunfähig erkrankt sind, wird verbindlich das bEM angeboten.
2. Wenn Arbeitgeber und Betriebsrat den Bedarf an einem bEM bereits früher erkennen, darf mit Zustimmung des Beschäftigten ein bEM auch bei kürzeren Erkrankungszeiten eingeleitet werden.
3. **Regelmäßige Datenerhebung:** Die Personalabteilung erhebt monatlich die Daten (idealerweise automatisiert), aus denen hervorgeht, inwieweit Beschäftigte innerhalb der jeweils zurückliegenden 12 Monate länger als sechs Wochen ununterbrochen oder wiederholt arbeitsunfähig erkrankt sind.
4. **Einladung zum Erstgespräch:** Sofern dieser Fall eintritt, erhält der Betroffene ein Schreiben (Anlage „Anschreiben"), in dem über das bEM informiert wird und ein unverbindliches, erstes Informationsgespräch mit einem Mitglied des bEM- Teams angeboten wird. Mit dem Antwortschreiben (Anlage „Antwortschreiben") kann der/die Betroffene das Angebot annehmen oder ablehnen. Der Betriebsrat wird ebenso informiert.

a. **Antwortet** der/die Betroffene **nicht** innerhalb von ... Tagen[6], so versendet die Personalabteilung ein Erinnerungsschreiben mit einer erneuten angemessenen Fristsetzung. Erhält der Arbeitgeber gar keine Reaktion, so kann er bei Vorliegen der Voraussetzungen für eine krankheitsbedingte Kündigung, eine angemessene Frist zur Stellungnahme zur Durchführung eines bEM setzen und ihn gleichzeitig darauf hinweisen, dass die Möglichkeit einer Kündigung besteht. Schweigt der Arbeitnehmer hierauf weiterhin, so kann das Schweigen als Ablehnung gedeutet werden[7].

b. Bei **Zustimmung** zum Gespräch wird die von der/m Betroffenen ausgewählte Ansprechperson informiert, um einen Termin zu vereinbaren. Auf Wunsch der/s Beschäftigten können weitere Beteiligte zu diesem Gespräch hinzugezogen werden (siehe Punkt 4). Ziele des Informationsgesprächs sind:
- Vermittlung von weiteren Informationen zum bEM,
- Abklären der Bereitschaft zur Teilnahme am bEM,
- Hinweise und Vereinbarung zum Datenschutz (Anlage „Schutz persönlicher Daten").

5. Sollte nach dem Informationsgespräch ein bEM-Verfahren von der/dem Beschäftigten gewünscht werden, wird ein Eingliederungsgespräch geführt. Die Ziele hierbei sind die Identifikation der Ursachen für die Arbeitsunfähigkeit sowie Entwicklung zielgerichteter und umsetzbarer Maßnahmen zur Wiederherstellung der Arbeitsfähigkeit. Alle Maßnahmen, Hilfestellungen und die mögliche Einschaltung weiterer interner oder externer Partner setzen immer die Einwilligung der/s Betroffenen voraus, er/sie kann das Verfahren in jeder Phase abbrechen.

6. Über die Einladung zu einem Informationsgespräch wird der Betriebsrat von der Personalabteilung informiert (Kopie der Anlage „Anschreiben"). Über die Annahme oder Ablehnung des Angebots erfährt der Betriebsrat nur mit Zustimmung des/r Betroffenen. Bei schwerbehinderten Menschen wird neben dem Betriebsrat die Vertrauensperson der Schwerbehinderten informiert.

---

[6] Um Rechtsklarheit zu schaffen, werden häufig Fristen gefordert, nach deren Nichtbeantwortung das bEM als abgelehnt gilt. Hier ist es wichtig, eine angemessene Frist zu setzen und zu wissen, dass diese problematisch sein könnte, da Schweigen per se nicht als eine Willenserklärung gewertet werden darf. Dennoch ist der Betroffene in einem gewissen Grad mitwirkungspflichtig.

[7] Solche Regelungen sind nicht unproblematisch: vgl. BAG, v. 10.12.2009 – 2 AZR 400/08; LAG Rheinland-Pfalz, v. 8.10.2020 – 2 Sa 340/19.

12.3 Muster BV: Betriebliches Eingliederungsmanagement

7. **Dokumentation:** Die Ansprechperson dokumentiert den Verlauf des bEM-Verfahrens (z.b. Anlage „Falldokumentation").
8. **Beendigung des bEM:** Das bEM endet (Anlage „Ende bEM"), wenn
   - der/die Betroffene dies wünscht,
   - oder eine oder mehrere Maßnahmen durchgeführt und anschließend als erfolgreich bewertet wurde(n),
   - oder zwischen Betroffenem/Betroffener und Ansprechperson das Ende einvernehmlich festgestellt wurde,
   - oder die Ansprechperson keine (weiteren) Maßnahmen für erforderlich bzw. sinnvoll hält (in diesem Falle erfolgt evtl. eine einseitige Beendigung mit der Option, eine Stellungnahme zu den Akten zu geben),
   - oder der Betroffene das Unternehmen verlässt.

Nach Beendigung eines bEM-Verfahrens erhält der Betroffene zum Zweck der Qualitätssicherung einen Fragebogen, der anonym ausgewertet werden darf (siehe Anlage X „Fragebogen Ende bEM"). Zudem beginnt die Fehlzeitenkontrolle für die Erkennung des 6-Wochen-Kriteriums laut § 167 Abs. 2 SGB IX erneut.

§ 7 Datenschutz und Datensicherheit

1. Die Verarbeitung personenbezogener Daten zum Zweck des bEM regelt § 167 Abs. 2 SGB IX in Verbindung mit dem BDSG[8]. Der Datenschutz muss während des gesamten Verfahrens und nach dessen Abschluss berücksichtigt werden.
2. In die Personalakte werden nur das Anschreiben, der Antwortbogen, der bEM-Beginn und das bEM-Ende aufgenommen.
3. Die Unterlagen des Verfahrens wie Gesprächsprotokolle und Maßnahmenpläne werden in einer von der Personalakte separaten bEM-Akte abgelegt. Auf Wunsch kann die/der Beschäftigte jederzeit Einsicht in die bEM-Akte erhalten. Die bEM-Akte wird bei der Ansprechperson so aufbewahrt, dass weitere Personen und insbesondere Vertreter des Arbeitgebers keinen Zugang haben.
4. Die bEM-Akte wird drei Jahre nach Abschluss des bEM-Verfahrens vernichtet oder auf Wunsch dem Betroffenen ausgehändigt.

---

[8] Vgl. LAG BW, v. 20.10.2021 – 4 Sa 70/20.

5. Alle Beteiligten des bEM-Verfahrens unterzeichnen eine Verschwiegenheitsvereinbarung (Anlage X „Verschwiegenheit").

§ 8 Qualitätssicherung und Evaluation

1. Es erfolgt eine regelmäßige Überprüfung und Dokumentation der bEM-Abläufe und -Maßnahmen durch das bEM-Team. Dazu gehören die Dokumentation der Fallverläufe, die Maßnahmenplanung sowie die Nachverfolgung der Umsetzung
2. Regelmäßige Schulung der beteiligten Führungskräfte und Personalverantwortlichen, um eine einheitliche und qualitätsgesicherte Durchführung des bEM zu gewährleisten
3. Zur Qualitätssicherung des bEM erfolgt eine jährliche Evaluation. Es wird ermittelt, inwieweit die Verfahrensvorschriften und die durchgeführten. Maßnahmen des bEM geeignet sind, die gesetzten Ziele zu erreichen.

Die Erfahrungen und Ergebnisse mit der Umsetzung dieser Betriebsvereinbarung sind spätestens nach Ablauf von zwei Jahren zu bewerten. Das bEM-Team wertet insbesondere die bearbeiteten Fälle aus und berichtet dem Arbeitgeber und dem Betriebsrat regelmäßig über die Ergebnisse der Wiedereingliederungsmaßnahmen. Das bEM-Team unterbreitet dem Arbeitgeber und dem Betriebsrat Änderungs- und Verbesserungsvorschläge.

§ 9 Öffentlichkeitsarbeit und Berichtserstattung

Der Arbeitgeber informiert die Belegschaft im Rahmen des Integrationsberichtes (§ 167 SGB IX) und des Sozialberichtes (§ 43 BetrVG) mindestens einmal jährlich auf der Betriebsversammlung und auf der Versammlung der gleichgestellten und schwerbehinderten Beschäftigten (Schwerbehindertenversammlung) über den Stand und die Entwicklung des Betrieblichen Eingliederungsmanagements.

§ 10 Betriebliche Gesundheitsförderung / Gesundheitsmanagement

Vereinbarungen zur Gesundheitsförderung können mit der BV-bEM verbunden werden oder eine eigene BV darstellen. Dann ist hier ein entsprechender Hinweis aufnehmen.

§ 11 Konfliktregelung und Einigungsstelle

1. Entstehen zwischen Arbeitgeber und einem von einem bEM-Verfahren betroffenen Beschäftigten Meinungsverschiedenheiten über die Durchführung des Verfahrens, wird zunächst ein Mediationsverfahren unter Einbeziehung

12.3 Muster BV: Betriebliches Eingliederungsmanagement

einer externen, neutralen Mediationsperson eingeleitet. Ziel dieses Verfahrens ist es, gemeinsam eine einvernehmliche Lösung zu erarbeiten.
2. Streitigkeiten, die sich aus der Auslegung oder Anwendung dieser Betriebsvereinbarung ergeben und nicht im Rahmen der Mediation beigelegt werden können, werden der Einigungsstelle zur abschließenden Entscheidung vorgelegt. Die Einigungsstelle entscheidet gemäß den gesetzlichen Vorgaben des § 76 BetrVG verbindlich für beide Betriebsparteien.

Salvatorische Klausel

Sollten einzelne Bestimmungen dieser Betriebsvereinbarung unwirksam oder undurchführbar sein oder nach Vertragsschluss unwirksam oder undurchführbar werden, so wird dadurch die Wirksamkeit der Betriebsvereinbarung im Übrigen nicht berührt. Die Parteien verpflichten sich, eine neue, möglichst inhaltsgleiche Regelung zu vereinbaren.

§ 12 Schlussbestimmungen

1. Diese Betriebsvereinbarung tritt am Tage der Unterzeichnung in Kraft.
2. Sie kann mit einer Frist von drei Monaten gekündigt werden.
3. Sie wirkt bis zum Abschluss einer neuen Vereinbarung nach.
4. Wird eine Vorschrift dieser Vereinbarung aufgrund anderer rechtlicher Regelungen unwirksam, so bleibt die Gültigkeit der übrigen Bestimmungen davon unberührt. Die Vertragsparteien verpflichten sich, eine unwirksame Vorschrift durch eine ihr inhaltlich möglichst entsprechende wirksame Vorschrift schnellstmöglich zu ersetzen.
5. Bei Streitigkeiten bezüglich des Inhaltes und der Durchführung dieser Betriebsvereinbarung entscheidet die Einigungsstelle.
6. Folgende Anlagen sind Bestandteile dieser Betriebsvereinbarung:

- Anlage 1: ...
- Anlage 2: ...

Ort, Datum	Ort, Datum
Unterschrift Arbeitgeber	Unterschrift Betriebsrat

Anmerkungen Eine Betriebsvereinbarung zum bEM unterliegt grundsätzlich nicht der erzwingbaren Mitbestimmung, d.h., sie stellt eine freiwillige Betriebsvereinbarung dar. Für einzelne Regelungen zur Durchführung eines bEM kann jedoch ein Mitbestimmungsrecht bestehen, z.b. bei allgemeinen Verfahrensfragen aus § 87 Abs. 1 Nr. 1 BetrVG, in Bezug auf die Nutzung und Verarbeitung von Gesundheitsdaten aus § 87 Abs. 1 Nr. 6 BetrVG und hinsichtlich der Ausgestaltung des Gesundheitsschutzes aus § 87 Abs. 1 Nr. 7 BetrVG[9].

Ein gut organisiertes bEM bietet jedoch auch Anreize für Arbeitgeber. Es kann dazu beitragen, krankheitsbedingte Ausfallzeiten zu verringern. Durch die Wiedereingliederung erkrankter Mitarbeiter bleiben deren Wissen, Erfahrung und Qualifikation im Unternehmen. Das ist besonders in Zeiten von Fachkräftemangel und demografischem Wandel ein strategischer Vorteil. Das bEM signalisiert Fürsorge und Wertschätzung gegenüber den Beschäftigten. Dies fördert Loyalität, Motivation und stärkt die Arbeitgebermarke – ein wichtiger Faktor im Wettbewerb um qualifizierte Arbeitskräfte. Mit einer Betriebsvereinbarung zum beM erfüllen Arbeitgeber die gesetzlichen Vorgaben des SGB IX und schützen sich vor arbeitsrechtlichen Risiken, etwa im Zusammenhang mit Kündigungen oder Diskriminierungsvorwürfen. Die Rehabilitationsträgerund die Integrationsämter können Arbeitgeber, die ein betriebliches Eingliederungsmanagement einführen, durch Prämien oder einen Bonus fördern (§ 167, SGB IX, Abs. 3). Sinnvoll ist zudem, sich Gedanken über das betriebliche Gesundheitsmanagement zu machen (bGM).

An dieser Stelle soll betont werden – da in der Praxis häufig übersehen –, dass die Auszubildenden auch zum Personenkreis des § 5 Abs. 1 BetrVG gehören. Weiter ist der Arbeitgeber nach § 167 Abs. 2 SGB IX verpflichtet, allen Arbeitnehmern – also auch leitenden Angestellten – ein betriebliches Eingliederungsmanagement (bEM) anzubieten, wenn sie länger als sechs Wochen arbeitsunfähig waren. Das Verfahren bezieht sich somit nicht nur auf Arbeitnehmer im Sinne des § 5 Abs. 1 BetrVG, sondern grundsätzlich auf alle Beschäftigten eines Betriebs, einschließlich leitender Angestellter. Der Betriebsrat hat gemäß § 80 Abs. 1 Nr. 4 BetrVG i.V.m. § 176 S. 1 u. 2 SGB IX die Aufgabe, die Eingliederung schwerbehinderter Menschen zu fördern. Zur Erfüllung dieser Aufgabe hat der Betriebsrat nach dem BAG[10] Anspruch gegenüber dem Arbeitgeber aus § 80 Abs. 2 S. 1 HS 1 BetrVG auf Auskunft über die Namen sämtlicher Schwerbehinderter und

---

[9] BAG, v. 22.03.2016 – 1 ABR 14/14.
[10] BAG, v. 09.05.2023 – 1 ABR 14/22.

ihnen gleichgestellter Arbeitnehmer, d.h., ausnahmsweise auch über die Namen aller schwerbehinderten und ihnen gleichgestellten leitenden Angestellten i.S.d. § 5 Abs. 3 BetrVG. § 176 S. 1 SGB IX enthalte insoweit keine Differenzierung. Zudem sehe § 5 Abs. 3 S. 1 BetrVG vor, dass leitende Angestellte jedenfalls dann vom Gesetz erfasst seien, wenn das BetrVG dies ausdrücklich bestimme. Als eine solche abweichende Bestimmung gelte § 80 Abs. 1 Nr. 4 BetrVG. Im Übrigen bestünde der Auskunftsanspruch jeweils unabhängig vom Einverständnis der betroffenen Beschäftigten und die Weitergabe der infrage stehenden Daten an den Betriebsrat sei gemäß § 26 Abs. 3 i.V.m. § 22 Abs. 2 BDSG datenschutzrechtlich nicht zu beanstanden. Hinzu kommt, dass für das bEM die Besonderheit besteht, dass dieses – trotz seiner Verortung im SGB IX – für alle Arbeitnehmer und damit auch außerhalb des Kreises der schwerbehinderten Menschen oder Gleichgestellten maßgebend ist.

Praxishinweis Auch wenn der Arbeitnehmer die Beteiligung des Betriebsrates im Rahmen des betrieblichen Eingliederungsmanagement ggf. ablehnen kann, wird der Arbeitgeber zumindest im Rahmen eines ordnungsgemäßen Angebots auch bei leitenden Angestellten eine Einbeziehung des Betriebsrates vorsorglich im Hinblick auf diese Entscheidung anbieten müssen.

12.4 Checkliste: Betriebsvereinbarung verhandeln

Arbeitsrechtliche Akteure stehen regelmäßig in Verhandlungen miteinander, sei es im Rahmen von Betriebsvereinbarungen, Tarifverhandlungen oder bei Konflikten. Daher ist es besonders wichtig, sich mit den Grundlagen der Kommunikation und der Verhandlungstechnik vertraut zu machen. Eine durchdachte Verhandlungsstrategie bildet die Grundlage für eine erfolgreiche Verhandlung. Dabei sollte immer zwischen der Sache und der Person unterschieden werden, um respektvoll und auf Augenhöhe zu verhandeln. Ein solches Vorgehen stärkt nicht nur die Beziehung zu den Verhandlungspartnern, sondern beeinflusst auch die Außenwirkung positiv.

Zu harte oder zu unflexible Verhandlungsführung führt häufig nicht zu den gewünschten Ergebnissen. Besonders in Vergleichsverhandlungen ist es wichtig, dass beide Seiten mit einem positiven Gefühl aus der Verhandlung gehen, um spätere Widerrufe oder Schwierigkeiten bei der Umsetzung zu vermeiden.

Weitere wichtige Punkte für eine erfolgreiche Verhandlungsführung:
- **Ziele definieren:** Legen Sie Ihre Mindestziele fest und bestimmen Sie den Verhandlungsraum: Wo sind Kompromisse möglich und wo sollten Sie standhaft bleiben?
- **Alternativen bedenken:** Überlegen Sie, ob es gleichwertige Alternativen zu den einzelnen Punkten gibt, um flexibler in den Verhandlungen reagieren zu können.
- **Gründliche Vorbereitung:** Bereiten Sie sich gut auf die Verhandlung vor, sowohl inhaltlich als auch hinsichtlich der Verhandlungspartner. Dass Sie wissen, was Sie wollen und was die Gegenseite anstrebt, ist entscheidend.
- **Hypothetische Argumentation:** Stellen Sie sich vor, wie die Gegenseite argumentieren könnte, und bereiten Sie passende Antworten vor. So können Sie souverän auf Einwände reagieren.
- **Verhandlungsrahmen prüfen:** Der Ort und die Atmosphäre der Verhandlung beeinflussen die Stimmung. Sichten Sie den Verhandlungsrahmen und passen Sie ihn gegebenenfalls an, um eine produktive und konzentrierte Gesprächsatmosphäre zu schaffen.
- **Selbstbewusst auftreten:** Ihr Auftreten ist genauso wichtig wie Ihre Argumente. Achten Sie auf eine offene Körpersprache, die Selbstvertrauen ausstrahlt.
- **Sachlich bleiben:** Bleiben Sie stets sachlich und vermeiden Sie emotionales oder aggressives Verhalten. Eine klare und ruhige Argumentation ist überzeugender.
- **Respektvoller Umgang:** Achten Sie auf einen respektvollen und fairen Umgang mit Ihren Verhandlungspartnern, auch wenn Sie inhaltlich nicht immer übereinstimmen. Dies trägt zu einer konstruktiven Atmosphäre bei.
- **Aktives Zuhören:** Hören Sie aktiv zu, um die Anliegen der Gegenseite zu verstehen und darauf einzugehen. Dies zeigt Wertschätzung und kann den Verhandlungsprozess positiv beeinflussen.
- **Verhandlungstaktiken anwenden:** Nutzen Sie gezielte Taktiken, wie z. B. die Frage nach den Beweggründen der Gegenseite oder die Technik des „Verhandelns über den Preis", um den Druck zu erhöhen oder bessere Lösungen zu erzielen.
- **Teamarbeit nutzen:** Wenn Sie als Team verhandeln, verteilen Sie die Rollen klar. Ein Team kann verschiedene Perspektiven einbringen und strategisch agieren, um das bestmögliche Ergebnis zu erzielen.
- **Grenzen setzen:** Definieren Sie frühzeitig Ihre Grenzen und machen Sie sich klar, wann Sie ein Angebot ablehnen müssen, um nicht in ungünstige Kompromisse zu geraten.

12.4 Checkliste: Betriebsvereinbarung verhandeln

- **Eigene Reaktion auf eine mögliche Eskalation planen:** Überlegen Sie im Vorfeld, wie Sie auf Eskalationen reagieren werden. Seien Sie vorbereitet, um ruhig zu bleiben und nicht unnötig Öl ins Feuer zu gießen.
- **Kommunikation nach außen:** Klären Sie den Tenor der Verhandlung für alle Beteiligten und achten Sie darauf, wie Sie nach außen kommunizieren. Bei Bedarf sollten Sie Verhandlungen auch abbrechen oder auf einen späteren Zeitpunkt verschieben, um eine Eskalation zu vermeiden.
- **Nachbereitung:** Nach der Verhandlung sollten Sie das Ergebnis dokumentieren und mit den Verhandlungspartnern reflektieren. Eine gute Nachbereitung hilft, Missverständnisse zu vermeiden und den Erfolg der Verhandlung langfristig zu sichern.

Durch die Beachtung dieser Punkte wird eine Verhandlung nicht nur erfolgreicher, sondern trägt auch dazu bei, langfristig stabile und respektvolle Arbeitsbeziehungen zu erhalten.

Was Sie aus diesem *essential* mitnehmen können

- Sie kennen wichtige Grundbegriffe aus dem Betriebsverfassungsrecht.
- Sie besitzen eine Übersicht über relevante Praxisthemen: Betriebsvereinbarung Formalien, Arten, Nachwirkungszeitraum.
- Sie wissen hinsichtlich der Beteiligung des Betriebsrates bei Abschluss von Betriebsvereinbarungen insbesondere, welches Gremium zuständig ist.

© Der/die Herausgeber bzw. der/die Autor(en), exklusiv lizenziert an Springer Fachmedien Wiesbaden GmbH, ein Teil von Springer Nature 2025
M. Dimartino, *Die Betriebsvereinbarung*, essentials,
https://doi.org/10.1007/978-3-658-49622-7

MIX
Papier aus verantwortungsvollen Quellen
Paper from responsible sources
FSC® C105338

If you have any concerns about our products,
you can contact us on
ProductSafety@springernature.com

In case Publisher is established outside the EU,
the EU authorized representative is:
**Springer Nature Customer Service Center GmbH
Europaplatz 3, 69115 Heidelberg, Germany**

Printed by Libri Plureos GmbH
in Hamburg, Germany